ISBN 978-0-332-46536-4
PIBN 11230111

English
Français
Deutsche
Italiano
Español
Português

www.forgottenbooks.com

Mythology Photography **Fiction**
Fishing Christianity **Art** Cooking
Essays Buddhism Freemasonry
Medicine **Biology** Music **Ancient
Egypt** Evolution Carpentry Physics
Dance Geology **Mathematics** Fitness
Shakespeare **Folklore** Yoga Marketing
Confidence Immortality Biographies
Poetry **Psychology** Witchcraft
Electronics Chemistry History **Law**
Accounting **Philosophy** Anthropology
Alchemy Drama Quantum Mechanics
Atheism Sexual Health **Ancient History**
Entrepreneurship Languages Sport
Paleontology Needlework Islam
Metaphysics Investment Archaeology
Parenting Statistics Criminology
Motivational

Erinnerungsblätter

. . . . aus der . . . .

Geschichte der St. Franciscus=Gemeinde

zu

. . . . zu . . . .

Milwaukee, . . . Wis.

————◆◆◆————

Gesammelt und herausgegeben als Festgabe zur Feier des

Silbernen Jubiläums

der Gemeinde.

1895.

Imprimatur.

Detroit, den 9. August 1895.

Fr. Bonaventura Frey, O. M. Cap.

Prov. Min.

Press of
The Evening Wisconsin Company,
Milwaukee.

Leo XIII.

Bei Gelegenheit des herannahenden silbernen Jubiläums der St. Franciscus = Gemeinde wurde von älteren Mitgliedern derselben mit Vorliebe
gesprochen von den bescheidenen Anfängen der Gemeinde. Es tauchten
Erinnerungen auf an das alte Kirchlein, die alte Schule, die alte Halle, an die
Patres, welche in den Jahren der Kindheit der Gemeinde mit so großer Opfer=
willigkeit für das Gedeihen derselben arbeiteten und mit solcher Liebe und
Leutseligkeit zur Mitwirkung anspornten. Die jüngeren Gemeinde=Mitglieder
lauschten mit sichtlichem Interesse den schlichten Erzählungen und freuten sich
dankbar der Vortheile, die sie jetzt in Kirche, Schule und Vereinen genießen.
Dies gab die Anregung zur Sammlung dieser Erinnerungen und zur Heraus=
gabe derselben anstatt des jährlich erscheinenden "School Journal & Commercial Advertiser." Hat die Gemeinde auch keine in die Weltereignisse
eingreifende Geschichte, so ist doch Manches geschehen und Manches geworden,
was Gott zur Ehre gereicht, auch der Gemeinde zur Ehre, Vielen aber auch zu
geistigem und zeitlichem Vortheil. Die Väter mögen sich freuen, wenn sie
sehen, daß ihre Opfer mit Gottes Segen die schönsten Früchte getragen ; die
Söhne mögen angespornt werden, treu für die Kirche und die Schule einzu=
stehen, die ihre Väter mit christlichem Opfersinn gegründet.

Die Geschäftsleute, deren Inserate aufgenommen wurden, sind Freunde
der Gemeinde, und werden als durchaus zuverlässig dem Leser bei seinen Ein=
käufen empfohlen.

Priester,

die gegenwärtig an der St. Franciscus-Kirche thätig sind:

Der hochw. P. Ignatius Ullrich, O. M. Cap., Def. u. Guard., Pfarrer der Gemeinde.

Der hochw. P. Ludwig Hengen, O. M. Cap., Vicar.

Der hochw. P. Antonius Rottensteiner, O. M. Cap., Def. u. Lector.

Der hochw. P. Antoninus Wilmer, O. M. Cap., Lector.

Der hochw. P. Isidor Handtmann, O. M. Cap.

Der hochw. P. Cyrillus Kufner, O. M. Cap., Sub-Lector.

Der hochw. P. Antonius Adams, O. M. Cap.

Der hochw. P. Ulrich Danner, O. M. Cap.

The Fathers Stationed at Milwaukee in 1895. Die Patres zu Milwaukee im Jubeljahr.

Kirchliche Oberhirten

der Erzdiözese Milwaukee seit Gründung der St. Franciscus-Gemeinde.

1. Der hochw'ste Herr Johann Martin Henni, erster Bischof von Milwaukee, zum Bischof consecrirt am 19. März 1844, zum Erzbischof erhoben im Jahre 1875, gestorben am 7. Sept. 1881.

2. Der hochw'ste Herr Michael Heiß, consecrirt zum ersten Bischof von La Crosse, Wis., am 6. Sept. 1868, Coadjutor von Milwaukee seit 14. März 1880, Erzbischof seit 1881, gestorben am 26. März 1890.

3. Der hochw'ste Herr Friedrich Xaver Katzer, consecrirt als dritter Bischof von Green Bay am 21. Sept. 1886, Erzbischof von Milwaukee seit 30. Januar 1891.

Pfarrer der Gemeinde

seit ihrer Gründung.

1. Der hochw. P. Ivo Praß, O. M. Cap., von der Gründung bis 12. Februar 1873.

2. Der hochw. P. Laurentius Vorwerk, O. M. Cap., vom 12. Februar 1873 bis 8. Juli 1878.

3. Der hochw. P. Antonius Rottensteiner, O. M. Cap., vom 8. Juli 1878 bis 20. Oktober 1882.

4. Der hochw. P. Lucas Rasch, O. M. Cap., vom 20. Oktober 1882 bis 16. Oktober 1885.

5. Der hochw. P. Hieronymus Henkel, O. M. Cap., vom 16. Oktober 1885 bis 15. März 1888.

6. Der hochw. P. Ignatius Ullrich, O. M. Cap., vom 15. März 1888 bis——

Verzeichniß der Priester,

die zeitweilig an der St. Franciscus=Kirche thätig waren:

1870.—Die hochw. PP. Jvo, Antonius, Paschalis, Solanus, Fidelis.

1871.—Die hochw. PP. Jvo, Antonius, Paschalis, Solanus, Fidelis, Daniel.

1872.—Die hochw. PP. Jvo, Antonius, Daniel, Solanus, Fidelis, Ludwig.

1873.—Die hochw. PP. Jvo, Antonius, Daniel, Solanus, Ludwig, Laurentius Vorwerk, Hieronymus, Dominicus, Leonard.

1874.—Die hochw. PP. Laurentius, Antonius, Solanus, Ludwig, Dominicus, Leonard.

1875.—Die hochw. PP. Laurentius, Antonius, Solanus, Dominicus, Carolus, Didacus, Joseph Pützen.

1876.—Die hochw. PP. Laurentius, Antonius, Dominicus, Carolus, Joseph, Petrus, Ludwig, Angelus Jele.

1877.—Die hochw. PP. Laurentius, Antonius, Dominicus, Carolus, Ludwig, Ignatius, Philippus.

1878.—Die hochw. PP. Laurentius, Antonius, Dominicus, Carolus, Ludwig, Ignatius, Philippus, Lucas, Pius, Nicolaus, Bonifatius.

1879.—Die hochw. PP. Antonius, Dominicus, Carolus, Ludwig, Ignatius, Pius, Nicolaus, Bonifatius, Alphonsus, Matthäus.

1880.—Die hochw. PP. Antonius, Carolus, Ignatius, Pius, Nicolaus, Bonifatius, Alphonsus, Matthäus, Kilian, Gabriel.

1881.—Die hochw. PP. Antonius, Carolus, Ignatius, Pius, Alphonsus, Gabriel, Jsidor, Martin, Casimir, Titus, Timotheus, Hyacinth, Hieronymus, Anastasius, Camillus.

1882.—Die hochw. PP. Antonius, Ignatius, Pius, Gabriel, Jsidor, Martin, Hyacinth, Hieronymus, Anastasius, Lucas.

1883.—Die hochw. PP. Lucas, Ignatius, Pius, Gabriel, Jsidor, Martin, Anastasius, Franciscus May, Capistran, Raphael, Albert, Nicolaus, Stephan,

1884.—Die hochw. PP. Lucas, Gabriel, Jsidor, Martin, Franciscus, Capistran, Raphael, Nicolaus, Stephan, Aegidius, Matthäus, Aloysius.

1885.—Die hochw. PP. Lucas, Gabriel, Jsidor, Martin, Capistran, Raphael, Nicolaus, Matthäus, Aegidius, Bonaventura Henggeler, Philippus, Damian, Anastasius, Dominicus, Hieronymus.

Most Rev. Frederic Xaver Katzer, D. D.

1886.—Die hochw. PP. Hieronymus, Gabriel, Raphael, Nicolaus, Aegidius, Damian, Anastasius, Dominicus, Stephan, Pius, Johannes Hofer.

1887.—Die hochw. PP. Hieronymus, Gabriel, Damian, Angelus Hilpert, Pius, Johannes, Aegidius, Bonifatius, Capistran, Joseph Wald, Ignatius.

1888.—Die hochw. PP. Hieronymus, Ignatius, Angelus, Pius, Aegidius, Bonifatius, Capistran, Joseph, Johannes, Solanus, Dominicus.

1889.—Die hochw. PP. Ignatius, Pius, Angelus, Aegidius, Capistran, Joseph, Dominicus.

1890.—Die hochw. PP. Ignatius, Pius, Angelus, Aegidius, Joseph, Dominicus, Paulus. Didacus, Aloysius.

1891.—Die hochw. PP. Ignatius, Pius, Angelus, Dominicus, Paulus, Aloysius, Antonius Rottensteiner, Lucas, Antoninus, Bernardus, Cyrillus.

1892.—Die hochw. PP. Ignatius, Lucas, Antonius, Antoninus, Bernard, Cyrillus.

1893.—Die hochw. PP. Ignatius, Lucas, Antonius, Antoninus, Bernard, Cyrillus, Isidor, Bonaventura Henggeler.

1894.—Die hochw. PP. Ignatius, Lucas, Antonius, Antoninus, Bernard, Cyrillus, Bonaventura, Isidor, Ludwig.

Vorstand

der St. Franciscus=Gemeinde für das Jahr 1895.

Präsident—Chas. Stehling.

Vize=Präsident—P. Lehmann.

Sekretär—J. B. Wendl.

Schatzmeister—J. G. Meyer.

Stuhlrent=Collektoren—E. Brielmaier,
A. Dietz.

Vorsteher—G. Marzolf,
J. G. Meyer,
G. Zander,
G. Herrmann,
W. Engeln,
Ph. Dornuf.

Ordnungsmänner—W. Cassel,
C. Lauer,
J. Lauer,
J. Muessig,
J. Oberbrunner,
J. Jaeger.

Very Rev. Bonaventura Frey, O. M. Cap.

Chronik.

1. Der Hochwst. P. Bonaventura Frey, O. M. Cap., Prov.

Zwölf Meilen östlich von Fond du Lac im Staate Wisconsin und etwa sechzig Meilen nordwestlich von Milwaukee liegt das Kloster Calvaria, die Wiege, oder wie es schon genannt worden, das Monte Casino des Capuciner-Ordens in den Vereinigten Staaten. Die Gegend liegt hoch, da sich die östlichen Ufer des nahen Winnebago-Sees steil erheben bis zur Höhe von mindestens 400 Fuß. Hügel und Thäler lösen sich dann beständig ab, wenn man von Fond du Lac aus sich dem Kloster nähert. Der Berg Calvaria aber erhebt sich über seine Brüder und scheint sich denselben vorgedrängt zu haben, denn vor ihm und zu beiden Seiten breitet sich das Thal weithin aus und läßt dem Beschauer einen freien Blick auf die malerische, überaus fruchtbare, wohlgebaute Landschaft. Um den Fuß des Berges zieht sich das Dorf hin, das etwa 100 Häuser zählt und nur von Katholiken bewohnt wird. Im Osten erblickt man den Thurm der Kirche und des Ortes St. Cloud, im Westen ragt der weiße Thurm der Gemeinde St. Peter vorwitzig aus dem dichten Walde hervor, im Norden hebt sich die prächtige Kirche von St. Mary oder Marytown in der Ferne hoch am Horizonte ab. Im Süden liegt unsichtbar St. Michael oder Forestown, im Nordosten St. Joseph, im Nordwesten St. Johann oder Johnstown, — alle, St. Mary ausgenommen, das 9 Meilen entfernt liegt, im Radius von 5 Meilen. Oben auf dem Berge, mehr als 100 Fuß über der Village, liegt das Kloster, dem Kloster von Milwaukee sehr ähnlich, nur ist es von rothem Brick erbaut und hat etwas kleinere Fenster. Den nördlichen Flügel bildet die Pfarrkirche mit dem Chor. Südlich vom Kloster steht das Collegium Laurentianum, ein schöner zweckmäßig eingerichteter, vierstöckiger Bau, an den sich eine zierliche Kapelle für die Studenten anschließt, vor dieser steht das Casino, die St. Joseph's-Halle. Das Ganze ist weithin sichtbar und macht einen imposanten Eindruck. Eine eingehendere Schilderung entspricht nicht unserem Zwecke, aber der geneigte Leser denke sich einmal in dieser ganz katholischen Gegend eine Frohnleichnamsprozession in Gottes freier und schöner

9

Natur, zu der die Nachbargemeinden im Festschmucke herbeieilen, an dem eine lange Reihe von Ordensleuten, die Priester und Kleriker in ihren entsprechenden heiligen Gewändern, sich betheiligt, zu welcher endlich der wohlgeübte Chor des Laurentianums die Musik und den Gesang liefert, und er wird gestehen, daß Calvaria eine geeignete Pflanzschule ist für den Ordensmann und den Priester. Dort haben die meisten Priester der St. Franciscus-Gemeinde ihre ersten Studien gemacht, und dort den ersten Unterricht im klösterlichen Leben empfangen.

In den ersten Jahren schien es zwar, als ob die Provinz nicht gedeihen wollte auf amerikanischem Boden. Die beiden Gründer der Provinz, der hochwst. P. Franciscus Haas und der hochwst. P. Bonaventura Frey hatten mit den größten Schwierigkeiten zu kämpfen, und zudem waren es höchst wenige, die sich zu diesem hl. Orden berufen glaubten. Im Jahre 1866 zählte die Provinz erst 8 Priester, aber im Vertrauen auf Gott blickte man in die Zukunft und dachte daran, ein Kloster zu errichten, welches als Lektorat oder Studienhaus dienen könnte. Die große Entfernung von Milwaukee würde umständliche und zudem kostspielige Reisen nothwendig gemacht haben, so oft ein Kleriker des Ordens niedere oder höhere Weihen hätte erhalten sollen. Daher richtete P. Franciscus den Blick nach der Metropolis selbst, dem damals noch einzigen Bischofssitze von Wisconsin. Es sollte ein Kloster erbaut werden, mit welchem keine Gemeinde verbunden wäre, damit einerseits die jungen Kleriker in der Stille und Einsamkeit dem Studium obliegen und sich auf das hl. Priesteramt ungestört vorbereiten könnten, andererseits die Patres, ohne zu sehr von seelsorgerlicher Thätigkeit in Anspruch genommen zu sein, den Klerikern den geeigneten Unterricht ertheilen könnten. Der hochwst. Bischof billigte dieses Vorhaben.

Dem P. Franciscus war schon im Anfang des Jahres 1865 ein Bauplatz angeboten worden. Diesen kaufte er am 22. April desselben Jahres um den beiläufigen Preis von $5,000.00 und bezahlte als Abschlagssumme $2,000.00 an den Kauf. P. Bonaventura Frey, damals Vikar des Klosters Calvaria, wurde dann beauftragt, das daraufstehende Gebäude, die alte verfallene und unter Bankrott liegende Schunk's Brauerei, nahe an der Ecke der Neunten- und Walnut-Straße, zu einem für klösterliche Zwecke dienenden Anstalt herzurichten.

Damals aber erfreute sich die Kirche nicht des Friedens, den sie jetzt genießt trotz der Hetzereien der A. P. A. Das Knownothingthum war noch nicht erstorben. Zudem war der Bürgerkrieg noch nicht beendet, und ganze Banden von Rowdies machten Milwaukee unsicher. Kaum hatte man erfahren, daß die gefürchteten Mönche sich in der Stadt einnisten wollten, so erhob sich auch schon ein allgemeiner Sturm gegen dieselben. Der Besitztitel wurde sogar streitig gemacht zu Gunsten der Erben eines früheren Besitzers. P. Bonaventura ließ sich jedoch nicht beirren, sondern stellte Arbeiter an, das alte

Dach zu heben, um noch ein Stockwerk aufzubauen, und überließ einem Advokaten, dem jetzt noch wohlbekannten Judge Jenkins, die Vertheidigung seines Besitztitels. Da erscheint eines Tages eine bewaffnete Bande von Katholikenfeinden, ein Weib mit einer Flinte an der Spitze und nöthigt die Arbeiter herauszugehen. Es wurden rasch die alten Schlösser abgenommen und neue mitgebrachte Schlösser angeschraubt und ein Zimmer mit Bett, Tisch und Stuhl eingerichtet, damit sie behaupten könnten im ruhigen Besitz des Hauses gewesen zu sein. Herr J. G. Jenkins war aufs höchste entrüstet und drohte mit 10 bewaffneten Männern das Haus wieder zu räumen. Doch P. Bonaventura verbot Gewaltmaßregeln anzuwenden und sagte: „So zieht der Priester nicht in einer Stadt ein, noch pflegte man so die Klöster zu gründen.‟ Er schlug friedlichere Wege vor. Doch auch das Gericht entschied gegen ihn. Der damalige Richter meinte, diese Priester wären wie Schlangen da eingeschlichen und müßten vernichtet werden. Somit war alles verloren, und waren auch die anbezahlten $2000.00 in der Tasche des Käufers spurlos verschwunden. P. Bonaventura berichtete diesen Mißerfolg seinem Ordensobern und erbat sich die Ermächtigung, nach eigenem Gutachten einen geeigneten Platz auszusuchen. Diese wurde ihm alsbald gewährt.

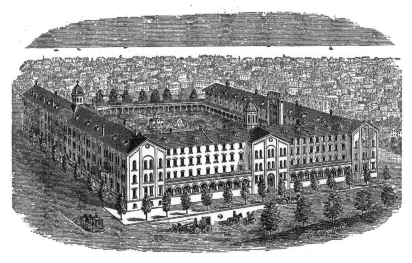

P. Bonaventura wohnte damals beim hochw. F. X. Krautbauer, der später Bischof von Green Bay wurde, damals aber Spiritual im hiesigen Mutterkloster der Schulschwestern von Notre Dame war. Dieser stand dem P. Bonaventura in seiner Angelegenheit mit Rath und That freundlich zur Seite. Er war es, der den P. Bonaventura auf dem Block aufmerksam machte, auf welchem jetzt Kirche und Kloster stehen.

11

Ein gewisser J. H. Silkman war der Eigenthümer desselben und überließ ihn gerne dem P. Bonaventura um die Summe von $5350.00. Die
nordwestliche Ecke hatte Herr Silkman schon an andere verkauft oder vermiethet,
die einen kleinen Gemüsegarten dort angebaut hatten. Doch brachte er diesen
wieder an sich, so daß er am 24. Aug. 1865 den ganzen Block an P. Bonaventura abtreten konnte. Später wurde auch die Alley durch den Advokaten
Herrn Martin frei gemacht. So war denn ein prachtvoller Bauplatz gesichert
und damit der erste Zweck des P. Bonaventura glücklich verwirklicht.

An die Errichtung des Klosters selbst konnte damals noch nicht gedacht
werden; dazu fehlten noch die Mittel. Um aber den Block als Kircheneigenthum möglichst steuerfrei zu halten, war es nothwendig einige Verbesserungen
vorzunehmen. Es fehlte noch die Umzäunung und die Seitenwege, denn die
Straßen waren noch nicht gradirt. Die North Avenue bildete damals die
Stadtgrenze. Auf den offenen Feldern weideten noch die Kühe. Es sah überhaupt noch recht ländlich aus, und noch einige Jahre nachher ging, wer in die
sechste Ward ging, „in den Busch" oder „an die Gully," und die guten Mütter
waren nicht wenig besorgt, wenn sie ahnten, daß ihre wanderlustigen Jungen
sich an diesen gefährlichen Orten aufhalten.

An der Stelle, wo jetzt Kirche und Schule stehen, war damals ein tiefer
Sumpf, wo jetzt der südliche Flügel des Klosters steht, war ein Hügel von Kies,
nichts darauf als ein alter Backofen oder die Ruinen eines alten Hauses.

P. Bonaventura hatte wohl von seinem Ordensobern die Erlaubniß erhalten zur Erwerbung eines Grundstückes, nicht aber die dazu nothwendigen Kapitalien, diese mußte er sich erst selbst verdienen. Deßhalb begab er sich nach Jowa
und gab eine Mission in St. Donatus beim guten hochw. Jos. Mich. Flam-
mang, sowie in drei benachbarten Gemeinden, und collektirte nebenbei für seine
neue Gründung in Milwaukee. Allen ist die Beredtsamkeit des hochwst. P.
Bonaventura bekannt, so wundert sich wohl auch Niemand, daß er am Ende
seiner Missionsreise $1600 nach Milwaukee bringen und damit die erste An-
zahlung auf das Grundstück machen konnte. Das Uebrige mußte zu 7 Prozent dem Herrn Silkman verzinst werden. Bald nach seiner Rückkehr hielt P.
Bonaventura im Kloster der Schulschwestern von Notre Dame die jährlichen
geistlichen Uebungen und erhielt dafür von der Ehrw. Mutter Karolina, die sich
während ihres ganzen Lebens als eine große Wohlthäterin des Capuciner-Klosters
bewies, ein bedeutendes Almosen, wofür er Backsteine kaufte, und ließ sie auf
den Platz bringen, um allmählig Baumaterial zu sammeln für die nothwendig-
sten Vorkehrungen. Da, im Herbste des Jahres 1866 bei Gelegenheit von zwei
Missionen, die P. Franciscus Haas und P. Cajetan Krauthahn in New York
abhielten, stellte P. Augustin. Capucinermissionär der österreichischen Ordensprovinz in Folge seines vorgerückten Alters an P. Franciscus, Commissär des

Ordens, des Ansuchen, ihm einen Pater zum Gehilfen zu schicken, um seine schwierige Gemeinde an der 30. Straße in New York zu ordnen. Die Gemeinde war schon seit Jahren im Streite mit dem Erzbischofe wegen eigenmächtiger Verwaltung der Kirche und des Kircheneigenthums, und darum auch hauptsächlich mit ihrem Priester. Niemand schien dazu geeigneter als P. Bonaventura. Mit Bedauern verließ P. Bonaventura auf Befehl seines Oberen seinen Wirkungskreis in Milwaukee, um einen weit schwierigeren und undankbareren in New York anzutreten.

2. Der hochw. P. Ivo Praß, O. M. Cap.

Vier Jahre lang schlummerte das Projekt der Klostergründung in Mil=
waukee. Allein die Katholiken hatten erfahren, daß ein Kloster an der betref=
fenden Stelle errichtet werden sollte, daß schon das Grundstück für den Bau
angekauft worden sei, und schon fingen sie an, die anliegenden Lotten aufzu=
kaufen. Denn war auch von Gründung einer Gemeinde noch nicht die Rede,
so glaubten sie doch, daß die Nähe des Klosters und der Klosterkirche ihnen
nützlich werden müßte. Lange konnte auch der Bau nicht hinausgeschoben wer=
den; waren auch die Mittel sehr spärlich, so war doch das Bedürfniß eines
Lektorats für die Provinz ein unüberwindliches. Als dann am 26. Dez. 1868
das Mutterkloster Calvaria und das Lektorat abbrannte, wollte man beim Wie=
deraufbau des Klosters die Verlegung des Lektorats nach Milwaukee berücksich=
tigen. Dann auch sollten die Patres durch diese Ausdehnung ihres Wirkungs=
kreises und durch ihre verdoppelten Anstrengungen der Provinz in ihrer
schwierigen Lage nach dem Brande zu Hilfe kommen. Das Unglück in Cal=
varia beschleunigte auf diese Weise die Gründung in Milwaukee. Mit der
Aufgabe, den Klosterbau zu beginnen, kam im Juni 1869 der junge P. Ivo
nach Milwaukee, versehen mit dem unbedingt nöthigen Reisegelde, der Hälfte
der Schulden des Grundstückes (die andere Hälfte übernahm das Kloster Cal=
varia) und mit dem Segen des Gehorsams.

Am 7. Juli desselben Jahres wurde in aller Stille der Grundstein gelegt
zum westlichen Flügel des Convents mit der Kapelle oder Chor und dem
Sanktuarium der jetzigen Kirche. Der Klosterflügel war 107 x 30 Fuß
groß und enthielt alle nöthigen Räumlichkeiten für Priester, Kleriker und Laien=
brüder, allerdings in einem etwas kleinerem Maßstabe. Der Chor, der zur
Zeit des Gottesdienstes auch dem Volke offen war, hatte eine Länge von 66 bei
einer Breite von 22 Fuß, und war wie das Kloster von Backsteinen dauerhaft
gebaut. Die innere Höhe betrug nur 14 Fuß, da über demselben die Biblio=
thek sich befand. Die Arbeiten wurden ausgeführt von dem Contraktor Wm.
Shellenberg von Calvaria und den Gebrüdern Kraatz von hier. Die Ge=
sammtkosten für den Bau betrugen in diesem Jahre $5,252.43.

P. Ivo wohnte mittlerweile bei der Familie Klein an der Sherman
Straße. Doch war das Gebäude noch nicht wohnlich eingerichtet, als P. Ivo
von Calvaria den hochw. P. Solanus Feddermann und den hochw. P.
Paschalis Straub nachkommen ließ mit einigen Laienbrüdern. P. Ivo leitete
den Bau, P. Paschalis widmete alle Zeit, die seine Berufspflichten ihm übrig

Rev. Ivo Prass, O. M. Cap.

ließen, der Arbeit am Bau, indem er eifrig Hand anlegte beim Latten, Pflastern und wo immer er sich nützlich machen konnte. Br. Felix besonders war den ganzen Tag als geschickter Schreiner thätig mit Hobel und Säge. Niemand durfte müssig sein, damit der Bau, der nicht im Kontrakt vergeben worden war, ja nicht zu hoch zu stehen käme, denn die Geldmittel reichten nicht weit. Mußten doch in jenen Tagen die Patres und Brüder oft frieren und hungern, bis die guten Nachbarn es merkten und der Noth abhalfen, indem sie Nahrungs= mittel und dergleichen schickten. So brachte einmal Herr Baasen spät am Tage für das Kloster einen Sack Mehl, nebst Bohnen und ein Schwein und hörte verwundert, daß die guten Patres an diesem Tage noch keine Mahlzeit gehalten. Freilich wurde immer bald geholfen, wenn die Noth bekannt wurde. Oft sogar, wenn die guten Leute sahen, daß Fremde zum Besuch zum Kloster hin= aufgingen, schickten sie Speise und Trank in's Kloster, damit die Patres nicht in Verlegenheit kämen.

In der Kirche sah es natürlich nicht viel besser aus, nachdem dieselbe am 8. Dez. dem Feste der Unbefleckten Empfängniß, der Hauptpatronin des Ordens, ohne große Feierlichkeit war eingeweiht worden. Die Frauen und Jungfrauen arbeiteten aber emsig an der Anfertigung von Altartüchern und Spitzen: selbst Meßgewänder nähten und strikten sie nach Mustern, welche P. Ivo ihnen vom Notre Dame Kloster verschaffte und zuschneiden half. In dieser Weise wurde das Nöthigste bald angeschafft, zumal auch die Nachbargemeinden zur Deckung der ersten Kosten der Gründung ihr Scherflein beitrugen. Eine Kollekte, die der hochw. H. J. Holzhauer, bis zu seinem Tode ein treuer Freund und Gön= ner der Capuciner, in der St. Josephs=Kirche bewilligte, ergab $615.50, eine andere in der hl. Dreifaltigkeits=Kirche unter dem hochw. L. Conrad $302.67, ferner eine in Potosi und Lancaster unter dem hochw. Vater Debecke $330.00.

Die erste Musik machte auch keine großen Unkosten. Es fehlte der Herr Organarius und die Prima Donna. Das Studierzimmer der Kleriker stieß an die obere Wand des Sanktuariums, und mit diesem wurde während des Gottesdienstes die Verbindung hergestellt durch Oeffnung eines Schalters in der Wand, so daß die Kleriker von dort aus auf den Altar herabsehen konnten, während die Brüder ein anderes kleineres Zimmer neben dem Chore bei An= hörung der hl. Messe benutzten. Einer der Fratres spielte nun vor dem geöff= neten Schalter seine Geige, und die übrigen sangen mit ihm ein Quartett, das ungesehen, wie aus Himmelshöhen, die Anwesenden zur Andacht stimmte. Fast zwei Jahre waren die Fratres die einzigen Sänger, bis endlich eine kleine Orgel die Geige ersetzte und Herr Lehrer Ries einen gemischten Chor organisirte.

Am 11. Feb. wurde die etwa 300=pfündige Glocke, ein Geschenk des hochw. B. Zuber, geweiht, um vom niedlichen Thürmchen auf dem Chore aus die Brüder zum Gebete herbeizurufen. Anfangs war ihr Klang den in der Nähe

wohnenden Ungläubigen höchst lästig, um so mehr, wenn sie um 4 Uhr am
Morgen die Brüder zur Morgenbetrachtung rief, so daß man drohte einmal
den rothen Hahn auf's Dach zu setzen, wenn das „Gebimmel" nicht aufhöre.
Seither hat man sich so sehr daran gewöhnt, daß auch Andersgläubige ihr
Wohlgefallen an den hellen Klängen des Glöckleins bekundeten. Die Katholiken
aber rief es Jahrelang zum Dienste Gottes in der hl. Messe, oder mahnte sie
an den segensreichen Gruß des Engels, der Maria die Botschaft brachte von
der Menschwerdung und der kommenden Erlösung. Jetzt noch ist sie die Herrin
am frühen Morgen und während des Tages, doch beim Pfarrgottesdienste wird
sie übertönt von ihren stolzen jüngeren Schwestern.

Am 17. Mai feierte die Klosterfamilie ein schönes Fest, an der auch die
Gemeinde, soweit eine solche damals bestand, den regsten Antheil nahm. Der
hochw. P. Solanus feierte sein silbernes Priester-Jubiläum. P. Solanus war
zu Greven in Westphalen am 4. Oct. 1819 geboren und am 17. Mai 1845
im Dome zu Münster zum Priester geweiht worden. Im Lande seit 9. April
1859, wurde er am 29. Nov. 1861 in den Orden eingekleidet und wirkte nun
seit der Gründung des Klosters mit gesegnetem Erfolge in Milwaukee. An
seinem Feste war die Kapelle hübsch geschmückt und jeder Winkel besetzt. Rüstig
und mit kräftiger Stimme sang er das Hochamt unter Assistenz der hochw. H.
J. Holzhauer und des hochw. F. X. Krautbauer, damals noch Spiritual im
Notre Dame Kloster dahier. Sein Freund und Landsmann, der hochw. B.
Smedding hielt ihm die Festpredigt. Die zahlreiche Betheiligung des Volkes
und manche Geschenke, die dem Jubilar überreicht wurden, zeigten in welchem
Ansehen die Paters schon damals standen.

Wie schon erwähnt worden, war es nicht die Absicht des Ordens gewesen,
mit dem Kloster eine Gemeinde zu verbinden. Deshalb war auch an Sonn=
tagen kein Pfarrgottesdienst, sondern die Conventmesse wurde um 6 Uhr gelesen.
Um 8 Uhr war nochmals eine stille Messe, manchmal auch mit Gesang, bei
feierlichen Anlässen wurde wohl auch ein Amt gesungen, aber nie nach 8 Uhr.
Am Nachmittage war kein Gottesdienst, es sei denn für die Ordensfamilie, wozu
sich einige Gläubigen aus der Nähe einfanden.

Aber bald erkannten die Katholiken der Umgegend, wie wünschenswerth
eine Kirche mit Schule in diesem Stadttheile sein würde. Vorzüglich der
Schule wegen glaubten viele, daß eine Gemeinde gegründet werden sollte, und
drängten den P. Jvo auf ihren Plan einzugehen. Letzterer sah wohl ein, daß
manche Kinder recht weit in die Schule hatten, und eben deshalb vielleicht gar
keine katholische Schule besuchten. Dennoch ging er nicht sogleich auf die
Gründung einer neuen Gemeinde ein, sondern wies die Herren, die sich am
meisten dieser Sache annahmen, an den hochwst. Herrn Bischof. Daraufhin
begaben sich die Herren Baalen, Pauly, Bormann und andere zum Bischofe,

16

Mrs. Peter Pauly.

Peter Pauly.

um seine Gutheißung des Unternehmens zu erbitten. Bischof Henni gewährte bereitwillig die erbetene Erlaubniß, unter der Bedingung jedoch, daß man 100 Unterschriften sammeln könnte. Die genannten Herren waren nun rastlos thätig, bis sie dem Bischofe eine Liste von 117 Namen überreichen konnten. Der Bischof gab nun bereitwilligst seine Genehmigung und, da P. Ivo in der Zwischenzeit die Zustimmung seiner Ordensobern erhalten hatte, konnten zur Ausführung des Vorhabens die ersten Schritte gethan werden, zur Herbei= schaffung der nöthigen Fonds.

Vor Allem wurde ein Verein gegründet, der als St. Franciscus = Bau Verein Mittel und Wege schaffen sollte, der auch während des Baues in Wirk= samkeit blieb. Es ist aber eine traurige Nothwendigkeit, daß der Priester, selbst die Ordensleute, sich mehr mit Geldgeschäften befassen müssen, als dies in Europa nöthig ist, wenn eine Kirche oder kirchliche Anstalt ins Dasein geru= fen und im Bestande erhalten werden soll. Die St. Franciscus=Gemeinde war nicht so glücklich eine Ausnahme bilden zu dürfen. Es blieb ihr die harte Nothwendigkeit, Kapitalien aufzunehmen und das zu 7, 8 und 10 Prozent. Die Paters waren aber in der ersten Zeit noch zu wenig bekannt, um selbst zu so hohen Zinsen leicht Kapitalien zu bekommen. Dank der rastlosen Thätigkeit und Sparsamkeit der Patres und dem Segen Gottes wuchs das Vertrauen und ist bis auf diesen Tag unerschüttert geblieben, selbst zur Zeit, da die Banken die schwierigsten finanziellen Crisen durchmachen mußten. Die Folge wird zeigen, wie die Gemeinde von Jahr zu Jahr einen merklichen Fortschritt verzeichnen konnte. Aber es kostete große Opfer die vielen Zinsen zu bezahlen, so daß Nie= mand sich beklagte, wenn der P. Guardian, der jeweilige Pfarrer der Gemeinde, beständig darauf drang, daß nicht nur jährlich die Zinsen, sondern auch ein Theil der geliehenen Kapitalien abbezahlt würden, damit nicht die Zinsen auf lange Jahre hinaus die Hilfsquellen der Gemeinde erschöpfen möchten.

Am 7. Juni fing man an die Kirche zu bauen. Ein geräumiger, einfa= cher Bau aus Holz wurde so vor den Chor gestellt, daß ein Theil des Letzteren als Sanktuarium dienen konnte, gerade dort, wo jetzt die neue Kirche steht. Außen und Innen ohne viele Verzierung und mit der einfachsten Einrichtung, ging die Kirche, die nahezu 600 Sitzplätze enthalten sollte, die Gallerie mitge= rechnet, rasch der Vollendung entgegen. Niemand durfte müssig zuschauen, denn gleich war P. Ivo da, den müssigen Zuschauer an irgend einer leichten Arbeit anzustellen.

Schon damals bestrebte sich P. Ivo, die Jünglinge der Gemeinde zu einem Vereine zu verbinden und ließ den St. Antonius Jünglings=Verein am 13. Juni dieses Jahres sein erstes Stiftungsfest feiern.

Am 21. Juni verwirklichte sich auch die Idee der Einrichtung eines Kle= rikats, indem der hochw. P. Antonius Rottensteiner O. M. Cap. mit den vier erften Klerikern, den Fratres Kilian, Hieronymus, Ludwig und Auguftin, von Calvaria ankam.

Am 31. Juli 1871 war der Bau foweit fortgefchritten, daß er benedicirt und zur Noth für den Gottesdienft benutzt werden konnte. Am Vormittage war feierlicher Gottesdienft in dem Chore. Das Hochamt hielt der greife P. Xaverius. Die beim Amte aufgenommene Collekte brachte $9.76. Am Nach= mittage um 3 Uhr fand die Einweihung der neuen Kirche ftatt, welche vom hochw. P. Jvo unter Affiftenz mehrerer Priefter vorgenommen wurde. Der hochwft. P. Franciscus Haas, D. M. Cap., Commiffarius der nordamerikani= fchen Ordensproving der Capuciner hielt die Feftpredigt in deutfcher Sprache, während der hochw. Jefuitenpater Jof. Schmidt, S. J., von der St. Gallus= Kirche die englifche Predigt hielt. Trotz des außerordentlich heißen Wetters fand fich doch eine große Zahl von Gläubigen ein, fowie verfchiedene religiöfe Vereine. Eine bei diefer Gelegenheit für den Bau aufgenommene Collekte brachte $71.73.

Die Altäre und Statuen waren aus der Fabrik des Herrn Vogt von Mil= waukee. In der mittleren Nifche des Hochaltares ftand die von mehreren Wohlthätern gefchenkte Statue des hl. Franciscus. In den Seitennifchen ftan= den die Statuen des hl. Bonaventura und des hl. Antonius. Die Statue auf dem Marienaltar war ein Gefchenk des hochw. A. Föckler, der fpäter als Mitglied des III. Ordens und Verfaffer des Regelbüchleins in Racine ftarb.

Die Ordnung für den Gottesdienft war folgende:

An Sonntagen:

6 Uhr, Konventmeffe.

8 Uhr, Kindermeffe.

10 Uhr, Hochamt mit Predigt.

½2 Uhr, Taufen.

2 Uhr, Chriftenlehre.

3 Uhr, Vesper.

½8 Uhr, Abendandacht mit Predigt und hl. Segen.

An Werktagen:

6 Uhr, Conventmeffe für die Mitbrüder und Wohlthäter.

½7 Uhr, Poft=Conventmeffe.

8 Uhr, Kindermeffe.

Wir haben oben den Erträg der Collekten am Kirchweihtage angeführt, um zu zeigen, wie es damals in der fechften Ward noch arm und fpärlich ausfah.

Milwaukee, das jetzt über den Cenfus=Mann fo entrüftet ift, der ihm nur 247,000 Einwohner einräumt, war im Jahre 1870 ganz zufrieden mit dem

18

The Old Church and School-House.

Die alte Kirche und das alte Schulhaus.

The Old Hall.   Die alte Halle.

Cenſus, der ihm 71,464 Einwohner zugeſtand. Die 6. Ward, die jetzt 13,543 Einwohner zählt, mochte damals 1,700 haben. Der Geſammtwerth des beweglichen und unbeweglichen Eigenthums der 6. Ward betrug $1,950,735.

Ein Vergleich der beiden Jahre 1871 und 1895 iſt nicht unintereſſant.

	Grund Eigenthum.	Verbeſſerungen.	Perſonal=Eigenthum.	Total.
1871	$1,147.650	$ 605,570	$ 326,935	$2,080,155
1895	2,801,200	2,749,350	1,513,857	7,064,407

Nur die achte und neunte der neuen Wards, die Milwaukee damals ausmachten, hatten einen geringeren Werth.

Katholiſche Kirchen gab es damals in Milwaukee 7. Die Deutſchen hatten auf der Südſeite die hl. Dreifaltigkeits=Kirche, auf der Oſtſeite die Marien=Kirche, auf der Weſtſeite die St. Joſephs=Kirche. Die engliſch=redenden Katholiken hatten die Kathedrale und die St. Gallus=Kirche, die Polen die St. Stanislaus=Kirche und die Böhmen die St. Johannes=Kirche. Die St. Franciscus=Kirche ſollte die deutſchen Katholiken der Nordſeite verſehen.

Die ſüdliche Grenze der neuen St. Franciscus=Gemeinde war die Bliet=Straße, die weſtliche die Siebente=Straße, die öſtliche der Fluß. Nach Norden wurde keine Grenze beſtimmt.

Die oben angeführten Ziffern zeigen, daß die Dritte Straße damals noch keine Geſchäftsſtraße war, daß die Schlitz'ſche Brauerei auch noch keinen ſolchen Rauch verbreitete wie heute. Und wirklich gab es in der jungen Gemeinde nicht viele Wohlhabende und von den 117 Namen auf den beiden Subscriptionsliſten verſchwanden gar manche, als es hieß zum Bau auch etwas beitragen. Daher wandte ſich P. Ivo um Hilfe nach dem Oſten und, vom hochwſt. Abt von St. Vinzenz unterſtützt, collektirte er in den Monaten Oktober und November dieſes Jahres in Pennſylvania $2,034.00. In Formoſa, Wis., wurde $106.70 collektirt.

Durch die Aushilfen der Patres in anderen Gemeinden wurde ebenfalls eine anſehnliche Summe erzielt.

Nach Vollendung der Kirche wurde der Bau des ſüdlichen Kloſterflügels in Angriff genommen und noch in dieſem Jahre unter Dach gebracht. Er hattte eine Länge von 110 Fuß und eine Breite von 28, und enthielt die Zellen für die Patres und Kleriker nebſt einigen größeren Zimmern, wie der Speiſeſaal und die Lehrſäle für die Kleriker. Der weſtliche Flügel wurde dann eingerichtet für die Brüder mit Schneiderei, Schuſterei u. ſ. w.

Die Geſammtausgaben für den Bau betrugen in dieſem Jahre $16,238.72. Die Schulden für Kloſter und Kirche beliefen ſich auf $19,500, wofür der

Convent sich verbindlich machte. Erst als der Bestand der Gemeinde gesichert war. und die Zahl der Gemeinde=Mitglieder sich bedeutend vermehrt hatte, wurden die Kirchen und Klosterrechnungen gesondert geführt.

Im Jahre 1871 wurde der Bau vollendet und folgte der Bau der Schule. Sie war aus Holz erbaut von Herrn Abresch von Milwaukee und war berechnet für 400 Kinder.

Am Dienstag den 26. Juni feierte der St. Antonius Jünglings Verein sein zweites Stiftungsfest und gab bei dieser Gelegenheit eine dramatische Vorstellung, wohl die erste der langen Reihe schöner Stücke, die der wackere Verein seit seinem Entstehen zum Besten der Kirche und Schule mit Erfolg aufgeführt. „Der Gescheidte Nazl" wurde aufgeführt zum Besten der Schule. Der Zudrang war ein so großer, daß viele in das kleine Lokal keinen Zutritt mehr erlangten, und daher auf allgemeines Verlangen das Stück am 2. Juli wiederholt wurde.

Am 15. Aug. Nachmittags um 3 Uhr wurde das neue Schullokal feierlich eingeweiht und einige Tage später mit einer hinreichenden Anzahl von Schwestern von Notre Dame als Lehrerinnen eröffnet.

Am 20. Nov. wurde eine Fair eröffnet zum Besten der Kirche und Schule, die 8 Tage dauern sollte. Man hatte große Vorbereitungen gemacht und manchen werthvollen Gegenstand herbeigeschafft. Zur Verloosung kam eine Garnitur Möbel von den Frl. Grau, Wendl, Heuer und Mühle.

Ein Buggy von den Herren Wendl, Bünning, Rusch und Heid.

Ein gestickter Armsessel von Frl. Anna Grau.

Ferner ein Parlor Ofen, ein Bureau, ein Bücherschrank, eine Nähmaschine u. s. w., u. s. w.

Ein prächtiger Spazierstock mit goldenem Knopfe, um den die Herren Werner Trimborn, Karl Holzhauer und Karl Grau sich bewerben sollten. Besondere Beachtung erwarb sich auch ein rothes Meßgewand, ausschließlich Handarbeit aus Wolle und Seide mit dem Ecce Homo Bilde im Kreuze. Die Concurrenten um dieses Meßgewand sollten sein die hochw. Herren Lallumiere, Batz, Holzhauer und Conrad. Das schöne Meßgewand war von zwei ungenannte Damen aus North Greenfield dem P. Ivo geschenkt worden, der es aber der Fair überließ. Es scheint jedoch nicht zur Abstimmung gekommen zu sein. Es befindet sich heute noch im Gebrauche in unserer Kirche, und Niemand würde ihm sein ehrwürdiges Alter ansehen.

Der Kampf um den goldbeknopften Spazierstock war dafür um so lebhafter. Jeden Abend wurde das Tournier erneuert. Jeder Abend brachte eine größere Anzahl von Besuchern. Am Donnerstag Abend erschien der

20

View Looking North.   Ansicht nach Norden.

Deutſche Männerverein und unterhielt die Beſucher mit Geſang und Muſik; anch für andere Unterhaltung war geſorgt. So zahlreich war der Beſuch, daß der Schluß der Fair hinausgeſchoben wurde bis zum Dankſagungsabend, Donnerstag, den 30. November, wo auch der Spazierſtock zur Verlooſung kam. Am letzten Abend war der Sieg noch ſehr zweifelhaft, denn alle drei Concurrenten waren ſehr populäre Männer; da auf einmal erſcheint auf dem Kampfplatz Herr Wm. Bunteſchu mit einer großen Zahl Freunde des Herrn Trimborn und gab den Ausſchlag. Herr Trimborn ſiegte mit 3891 Stimmen gegen 3012 des Herrn Grau. Herr Holzhauer hatte ſich ſchon früher zurück= gezogen. Der Ertrag der Fair war $3,225.00.

Seit Auguſt dieſes Jahres hatte man auch angefangen, die Stuhlrente zu ordnen. Die erſte Liſte weiſt 168 Namen auf. Die Stuhlrente betrug vom 1. Auguſt bis zum 31. Dezember 1871 $300.00.

Die Baukoſten waren $9,987.70.

Taufen waren in dieſem erſten Jahre 29, Hochzeiten 3, Leichen 5, und zwar nur von Kindern.

Vom 19. April 1872 datirt die canoniſche Einrichtung des Kloſters als Convent und Lektorat von Seiten der hl. Congregation.

25. Mai 1872. Prieſterweihe der hochw. PP. Kilian Haas, O. M. Cap., und Ludwig Hengen, O. M. Cap., die erſte in der St. Franciscus= Kirche. Seitdem haben 57 Prieſter in dieſer Kirche die hl. Weihen empfangen. 26. Mai. Primiz des hochw. P. Ludwig. Als Erzprieſter aſſiſtirte ihm der hochw. P. Antonius, als Diakon und Subdiakon die Fratres Auguſtin und Hieronymus. Der hochw. Vater B. Smedding hielt die Primizpredigt. Es läßt ſich denken, daß dieſe erſte Primizfeier in der Gemeinde ein Anlaß großer Freude war. Die Zahl der Primizianten in dieſer Kirche iſt bereits auf 48 geſtiegen.

Am 8. Juli betheiligte ſich ein großer Theil der Gemeinde an einem Feſte, das zu Calvaria beim Mutter=Kloſter der Capuciner=Patres mit großem Glanze abgehalten wurde. Lange vorbereitet, und in Bezug auf die veranlaſ= ſende Urſache bisher einzig daſtehend, war das Feſt ein Ereigniß von bedeuten= der Tragweite, an dem Tauſende von Perſonen in Wirklichkeit, noch mehr aber durch die Umſtände an andere Orte gefeſſelt im Geiſte ſich betheiligten. Nach= dem der glorreiche Papſt Pius IX. am 8. Dezember 1870 den hl. Joſeph zum Schutzpatron der ganzen chriſtlichen Kirche aufgeſtellt hatte, faßte der hochw. P. Franciscus Haas den Entſchluß, dem hl. Joſeph durch eine monumentale Darſtellung des hl. Joſeph unter dieſem neuen Titel öffentliche Ehre zu erwei= ſen und die von ihm und dem hochw. P. Bonaventura Frey gegründete Ordensprovinz unter ſeinen beſonderen Schutz zu ſtellen. Ueber einer kleinen Säulenhalle vor dem zum St. Laurentius=Collegium gehörigen Caſino ließ er

ein solides Postament errichten von Milwaukee Brick mit eingelegten Marmor=
platten mit den Inschriften:

S. Josephus Patronus Ecclesiae

Pio IX. In Annis Petri Regnante

1872.

Der hl. Joseph als Patron der Kirche

Unter der Regierung des in den Jahren Petri regierenden Pius IX.

1872.

Auf dieses wurde am 3. Juli 1872 die von Herrn Jos. Moffet aus Mil=
waukee nach einem von dem berühmten Bildhauer Muer von Covington, Ky.,
angefertigten Model gemeißelte Natur gehoben.

Aus grauem Sandstein kunstvoll gearbeitet streckt der hl. Joseph schützend
die Rechte aus über die auf dem Felsen gebaute Kirche, während seine Linke
auf dem Wappenschilde des heiligen Vaters ruht. Die erste öffentliche Dar=
stellung des heiligen Joseph unter diesem Titel in diesem Lande und die Haupt=
zierde des malerischen Calvarienberges.

Unter klingender Musik der Kapelle Zeitz verließ am Sonntag den 8. Juli
morgens um ½7 Uhr ein Spezialzug mit 600 Personen das Depot an der
Chestnut Str. und langte um 10 Uhr in Calvaria an. Etwa 100 Wagen
waren in Bereitschaft, um die Gäste zum Calvarienberge, eine Strecke von 2
Meilen zu führen. Wie eine Prozession fuhr ein Wagen hinter dem andern,
bis die Gäste am Fuße des Calvarienberges angelangt, abstiegen, und von den
bereits anwesenden Freunden in Empfang genommen wurden. P. Antonius
aus dem Kloster zu Milwaukee führte die Vereine an, welche mit Fahnen und
Auszeichnungen entgegen kamen. Unter diesen Vereinen befand sich der St.
Josephs=, St. Michaels= und St. Patricks=Verein von Fond du Lac. Der
Herz Jesu Männer=Verein aus Calvaria. Mehrere Vereine aus Sheboygan,
West Bend, Barton und Umgegend. Man sieht wohl, im ganzen Staate
hatte man sich interessirt für diese schöne Feier. Bei Kanonendonner und
Musik erstieg die lange Prozession den Berg, wo stärkende Erfrischungen
ihrer warteten. Selbstverständlich hatten die Milwaukeer ein nicht geringes
Quantum heimischen Gerstensaftes mitgebracht. Ob sie fürchteten der Vor=
rath der kleinen Mt. Calvary Brewery würde zu früh auf die Neige gehen,
oder ob sie schon damals zu sehr verwöhnt waren, muß hahin gestellt bleiben.
Hierauf begann in der festlich geschmückten Kirche das Levitenamt, welches vom
hochwst. Herrn Generalvikar M. Kundig gesungen wurde. Als Diakon und
Subdiakon assistirten ihm der hochw. Prof. Aug. Zeininger und P. Kilian Haas

22

Mt. Calvary, Fond du Lac Co., Wis.

Mt. Calvary-Klofter und Laurentianum.

O. M. Cap. Prof. Chr. Wapelhorst war Ceremonienmeister. Die Gesangs=
sektion des Milwaukee Männer=Vereins unter Direktion des Herrn Kuschbert
bezauberte alle Anwesenden.

Nach dem Amte wurde die herrliche Statue des hl. Joseph vom hochw.
Generalvikar eingeweiht, wobei die genannten Sänger die Feier verherrlichten.
Nach der Weihe hielt der hochwst. Herr M. Kundig in der Halle an die ver=
sammelte Menge eine englische Festrede, während der hochw. Fr. Fußeder von
einer im Freien errichteten Bühne aus eine deutsche Ansprache hielt.

Auf dem Festplatze war eine große Halle errichtet worden, in welcher 200
Personen auf einmal das Mittagsmahl einnehmen konnten. Ueberdies befan=
den sich im schattigen Haine eine große Anzahl Buden, in denen allerlei Erfri=
schungen gereicht wurden.

Nachmittags wurde wiederum eine deutsche Rede gehalten vom Herrn B.
Zimmermann, darauf eine englische vom hochw. Fr. Fußeder.

Die Gesellschaft löste sich nun auf in Gruppen, um sich zu erquicken an
gemüthlicher Plauderei, an der Musik, oder auch am Gesang der Vögel auf dem
Spaziergange im kühlen Walde. Wie wohl that da der von rauchiger Stadt=
luft geschwächten Brust die reine stärkende Luft des rauschenden Waldes!

Um 5 Uhr folgten Concert und Gesangsvorträge der Gesangssektion des
Milwaukeer Vereins.

Um 6 Uhr kam im neuen Casino das Drama „Julian der Apostat" in 5
Akten von den Zöglingen des Laurentianums zu Calvaria zur Aufführung.
Die Scenerie der Bühne war kurz vorher von Herrn H. Kurz, dem Direktor
des deutschen Stadttheaters in Milwaukee, fertig gestellt worden. Die Dekora=
tion war das Werk des Herrn Jos. Dolphin aus Milwaukee. Die Studenten
ernteten großes Lob für Talent und Kunstverständniß bei der naturgetreuen
Aufführung des schwierigen Stückes.

Am Abende wurde die Gegend durch Feuerwerk beleuchtet, bis um 8 Uhr
die Gäste den Festplatz verließen und feierlich an das Depot geleitet wurden, wo
der Spezialzug um ½10 Uhr nach Milwaukee zurückkehrte. P. Ivo hat durch
seine Energie und rastlose Thätigkeit das Meiste dazu beigetragen die Excursion
so außerordentlich erfolgreich zu gestalten.

In diesem Jahre wurde auch zum ersten Male ein Kinderfest veranstaltet
und ein Reinertrag von $621.17 erzielt. Es mag hier für mit den Verhält=
nissen der Gemeinde minder Vertraute erwähnt werden, daß das Kinderfest nie=
mals ein großer Faktor in der Bestreitung der Auslagen der Gemeinde ist,
weil man bemüht ist das Fest wirklich zu einem Kinderfeste zu gestalten. Den
Kindern wird am Vormittag Brod und Fleisch verabreicht, am Mittag eine
reichliche Mahlzeit, am Nachmittage wieder ein Imbiß, und öfter während des
Tages Limonade. Wird nun auch Manches durch freiwillige Beiträge der

Kinder bestritten, so bleibt noch vieles zu decken durch die Einnahmen des Festes. Jedenfalls wird den Kindern ein froher glücklicher Tag bereitet. Aber auch die Familien werden sich bei dieser Gelegenheit näher gebracht, und die Ruhe und Ordnung, die bisher bei diesen Festen herrschte, berechtigt den Pfarrer alljährlich die ganze Gemeinde zur Betheiligung an demselben einzuladen.

Am 21. September dieses Jahres kamen 26 spanische Capuciner-Patres und Kleriker hier an, die aus Guatemala vertrieben worden waren. Einige derselben reisten bald wieder ab und gingen nach Spanien, die übrigen blieben noch hier bis zum 19. Febr. 1873, um dann ihren Mitbrüdern nach Spanien zu folgen, weil ihnen unser Klima allzu rauh war. Einige der jüngeren hatten noch niemals Schnee gesehen, und freuten sich kindlich über die zierlichen Blumen an den gefrorenen Fenstern, die beim Hauche verschwanden um alsbald wieder zu erscheinen. Aber schon im Dezember meinten sie, der Winter müßte doch bald vorüber sein.

Im Oktober und November wurde auf der Erhöhung südlich von der Kirche von Holz eine geräumige Halle erbaut als Versammlungslokal für die Vereine, dann auch zur Veranstaltung von dramatischen und musikalischen Unterhaltungen zum Besten der Kirche und der Schule. In ihr hat die Gemeinde manchen gemüthlichen Abend verlebt, bis die neue Schule mit der größeren Halle errichtet wurde.

Die Fair, die nach Vollendung derselben abgehalten wurde, brachte $2,670.00 ein.

Die Ausgaben für den Bau betrugen in diesem Jahre $4,683.31.

Very Rev. Laurentius Vorwerk, O. M. Cap.

3. Der hochw. P. Laurentius Vorwerk, O. M. Cap.

Am 6. Februar 1873 wurde in Calvaria das erste Ordenskapitel abge= halten. Durch dasselbe wurde P. Ivo als Superior nach New York versetzt, während der hochw. P. Laurentius Vorwerk an seine Stelle trat als Guardian des Convents von Milwaukee und als Pfarrer der Gemeinde. Wohl hatte P. Ivo sich um die Gemeinde sehr verdient gemacht und sich die Liebe derselben in hohem Grade erworben, aber es dauerte nicht lange bis P. Laurentius sich durch seine Liebe und Herablassung, sowie durch seinen Seeleneifer sich die Herzen aller erobert hatte.

Am 12. Febr. trat er seinen neuen Wirkungskreis an. Die Gebäude waren aufgeführt, ihm lag es nun ob, für das innere Leben der Gemeinde zu sorgen. Er that es mit dem Seeleneifer eines wahren Ordensmannes. Mittlerweile wuchs aber auch nach außen die Gemeinde derart, daß schon nach 5 Jahren ausgedehnte Neubauten nöthig wurden, wie wir bald sehen werden.

23. Febr. Priesterweihe der hochw. PP. Hieronymus Henkel, O. M. Cap., und Augustin Limperich, O. M. Cap.

2. März. Primiz des hochw. P. Hieronymus. Seine Primizpredigt hielt der hochw. P. Guardian Laurentius.

Am 20. April wurde in dieser Kirche zum ersten Male die erste Kommu= nion der Kinder gefeiert, indem 23 Knaben und 21 Mädchen erstmals zum Tische des Herrn gingen.

Am folgenden 15. August ertheilte der hochw'ste Bischof Henni denselben das hl. Sakrament der Firmung. Es ist begreiflich, daß diese Feste in dem einfachen Kirchlein einen eigenen Reiz hatten und wohl geeignet waren, das Herz zur Andacht zu stimmen.

Die Zahl der Stuhlinhaber war dieses Jahr schon auf 216 gestiegen.

Der Februar des Jahres 1874 brachte für die Katholiken der Stadt Milwaukee eine große Aufregung. Am 10. Februar und den folgenden Tagen kam ein Prozeß zur Verhandlung, der schon zwei Jahre in verschiedenen Gerichten herumgeschleppt worden war. Isaiah L. Hauser und W. D. Storey vom "Christian Statesman," ein in Milwaukee erscheinendes religiöses Blatt, hatten Verläumdungen ausgestreut gegen die Schulschwestern von Milwaukee, und die Feinde versprachen sich bei diesem Prozesse eine Standalgeschichte, wie sie von Zeit zu Zeit in den Schmutzblättern die Runde machen. Herr P. V. Deuster mit anderen hervorragenden Katholiken nahmen sich der Schwestern an und ließen im Namen der Schwestern den unverschämten Verläumdern den

25

Prozeß machen. In der ungerechteſten Weiſe wurde aber der Prozeß in die
Länge gezogen. Am Abend des 15. Februar wurde in der St. Franciscus=
Schulhalle eine Maſſenverſammlung abgehalten, vor welcher der hochw. J.
Gmeiner, damals Redakteur der „Columbia‟, und Herr B. Zimmermann
Reden hielten, um zu proteſtiren gegen die Art und Weiſe, wie die Jury den
Fall behandelte. Man glaubte der Prozeß würde weiter geführt werden, ſtatt
endlich einmal zur Entſcheidung zu kommen, da erſchien von Seiten der Ver=
läumder folgender Widerruf : „Wir ſind ſtets bereit geweſen, unſeren katholi=
ſchen Freunden auf dem Felde des Arguments entgegen zu kommen, und
geſtehen gern unſern Irrthum ein, ſobald uns derſelbe bewieſen wird. Dieſer
Anſicht huldigend, anerkennen wir die guten Dienſte eines hervorragenden
Katholiken, welcher uns eine perſönliche Unterredung mit der Oberin des
Kloſters verſchafft, und nachdem dieſe Dame erklärt, daß ſie und die Ordens=
ſchweſtern, ſowie die Zöglinge des Kloſters bereit ſeien, eidlich zu erhärten, daß
die in dem vorgenannten Blatte (Christian Statesman) in der Ausgabe vom
14. Aug. gemachten Angaben unwahr ſeien, widerrufen wir dieſelben bereit=
willigſt und bedauern deren Veröffentlichung auf's tiefſte.—Hauſer & Storey.‟
Auch der Herold, die Germania, die Commercial Times, Daily News,
Evening Wisconsin und Milwaukee Advertiser brachten dieſen Widerruf.
Den Herren Deuſter, Zimmermann und anderen ſchien dieſer Ausgleich allzu
gnädig, doch die Schweſtern hatten ihren guten Namen gerettet und verzichteten
auf eine Weiterführung des Prozeſſes.

Am 14. Juli 1874 wurde das Feſt des hl. Cardinals und Kirchenleh=
rers Bonaventura mit außerordentlicher Feierlichkeit begangen, der in allen
Kirchen des Ordens des hl. Franciscus anläßlich des ſechſten Centennariums
des Todes des hl. Bonaventura ein feierliches Triduum angeordnet war. Es
wurde deßhalb am 12., 13. und 14. Juli täglich ein feierliches Hochamt
geſungen, und täglich eine Abendandacht gehalten mit Predigt zur Verherrli=
chung dieſes großen Heiligen und Segen mit dem Allerheiligſten zum Schluſſe.
Die Gläubigen wurden ermahnt zum eifrigen Empfange der heiligen Sakra=
mente zur Gewinnung des vollkommenen Ablaſſes und entſprachen zahlreich der
Aufforderung.

In den Predigten zeigten die hochw. PP. Laurentius, Antonius und Lud=
wig die große Gelehrſamkeit, die heroiſche Tugend und den unſterblichen Ruhm
des hl. Bonaventura.

In den 600 Jahren ſeit den Tagen des hl. Bonaventura iſt vieles unter=
gegangen. Das oſtrömiſche Reich iſt zerfallen, die mauriſchen Königreiche in
Spanien ſind nicht mehr, das tauſendjährige deutſchrömiſche Reich iſt aus den
Fugen gegangen, die Namen der meiſten Könige und Fürſten, welche vor 600
Jahren lebten, ſind kaum mehr dem Namen nach bekannt, — aber der beſchei=

Capuchin Convent of St. Francis of Assisi.   Das Kloster des heil. Franziskus v. Assisi.

dene Jünger des berühmten Ordensstifters St. Franciscus lebt frisch im Ge=
dächtnisse von Tausenden fort, und heute noch blicken die Männer dieser Ge=
meinde zu ihm empor und erwarten von ihm größere Hilfe als von den Mäch=
tigen dieser Erde.

Zu Bagnareo in Toskana 1221 geboren und als vierjähriges Kind vom
hl. Franciscus von einer tödtlichen Krankheit wunderbar befreit und deßhalb
von seiner Mutter durch ein Gelübde seinem Orden geweiht, trat er im 22.
Lebensjahre 1243 in denselben. An der Universität von Paris erwarb er sich
mit großer Auszeichnung die Doctorwürde und lehrte fortan daselbst die Theo=
logie mit solcher Gelehrsamkeit und solcher anziehenden Frömmigkeit, daß er
„Seraphischer Lehrer“ genannt wurde. Von Kindheit an war er der Freund
und Gefährte der Heiligen, des hl. Franciscus, Antonius, Thomas von Aquin
und Aegidius. Er war der Rathgeber des hl. Königs Ludwig und seiner
Schwester, der hl. Isabella. Er war erst 35 Jahre alt, als er zum General=
Oberen des ganzen Ordens erwählt wurde, aber mit großer Klugheit und
wunderbarem Segen für den Orden verwaltete er dieses Amt 18 Jahre lang.
Seine Erhebung zum Erzbisthum von York verhinderte er durch seine demü=
thigen Thränen und dringenden Bitten. Doch Papst Gregor X. zwang ihn
das Bisthum Albano anzunehmen und erhob ihn zur Würde des Cardinalats.
Im Concil von Lyon saß er zur Rechten des Papstes und hielt die erste An=
sprache an die versammelten Väter. Durch seine Frömmigkeit und Beredtsam=
keit bewirkte er die Wiedervereinigung der Griechen mit dem römischen Stuhle.
Gegen Ende des Concils starb er zu Lyon im J. 1274 zum großen Leidwesen
aller Väter des Concils, vorzüglich des Papstes, der vor dem ganzen Kirchenrathe
betheuerte, die Kirche Gottes habe durch diesen Todesfall einen unermeßlichen
Verlust erlitten. Durch zahlreiche Wunder bewies er die Macht seiner Für=
bitte.

Der „seraphische Lehrer“ ist aber auch der besondere Patron der Theologie=
Studirenden im Convent der Capuciner=Patres. So mußte sich diese Feier
auch zu einem kleinen Familienfeste gestalten, namentlich für die Kleriker. Wir
wollen den geehrten Leser, und ausnahmsweise auch die freundliche Leserin, ein=
laden, uns in den Speisesaal oder das Refektorium zu begleiten. Die Kleriker
hatten, wie das Studirzimmer, so auch das Refektorium mit Blumen, Kränzen
und Inschriften geschmückt. Das Mahl war etwas reichlicher als die tägliche
einfache Kost und wurde gewürzt durch die festliche Stimmung und die Gegen=
wart einiger werther und heiterer Gäste. Unter Letzteren befand sich nun auch
ein Zeitungsschreiber, nämlich der hochw. P. Cajetan Krauthahn, O. M. Cap.
Dieser hatte nun nichts Eiligeres zu thun, als gleich in der nächsten Nummer
der hiesigen „Columbia,“ welche er damals redigirte, haarklein zu erzählen, was
er gehört und gesehen. Er berichtete:

„Im Kloster der hiesigen Capuciner wurde die 600-jährige Gedächtniß-feier des hl. Bonaventura auf eine entsprechende Weise begangen nach. folgen-dem Programme:

1. Eine Lobrede auf St. Bonaventura, in welcher dessen Gelehrsamkeit und Frömmigkeit geschildert wurden. Fr. Bernardin hat die Rede verfaßt, Fr. Pius trug dieselbe vor.

2. Ein Lied, gesungen von P. Didacus Wendl und F. Fratres.

3. Eine lateinische Ode, vorgetragen von Fr. Joseph.

4. Ein deutsches Gedicht —das kommende Gute, ''bona-ventura'' gedich-tet von Fr. Lukas.

5. Ein deutsches Gedicht, vorgetragen von Fr. Philipp.

6. Das Lied „Die Kapelle".

7. Eine Vorlesung von Fr. Matthäus, in welche zwischen einigen Lehr-meinungen des hl. Bonaventura und seines berühmten Zeitgenossen St. Thomas eine Paralelle gezogen wurde.

8. Das Lied „Das ist der Tag des Herrn".

9. Eine lateinische Festrede, gehalten von Fr. Petrus.

10. Eine Romanze über die Wissenschaft und die Liebe zu Gott, vor-getragen von Fr. Ignatius.

11. Gesang.

12. Ein Gedicht über das Frohnleichnams-Officium von Fr. Pins, vor-getragen von Fr. Bernardin.

13. Ein Gedicht über St. Bonaventura, gedichtet von Fr. Vincenz und vorgetragen von Fr. Alphons.

14. Zum Schluß folgte nachstehendes Lied, dessen Melodie den Anwesen-den außerordentlich gefiel, der Text des Liedes wurde von Fr. Vincenz, der gegenwärtig leider krank ist, gedichtet.

St. Franciscus und St. Bonaventura.

St. Franciscus liebentzücket
Wandelte gewohnten Pfad,
Als zu ihm, von Leid gedrücket,
Eine Mutter kam und bat:
„Guter Vater, hab' Erbarmen!
Segne meinen kranken Sohn.
Bitte auch, daß Gott dem Armen
Hilfe send' vom Himmelsthron.
  Bitte auch, daß Gott dem Armen
  Hilfe send' vom Himmelsthron.

28

Hilft Gott ihm, wohlan ich gebe
Ihn in deine Vaterhut,
Daß er jenes Leben lebe,
Dem du weihest Herz und Blut."
Und es schlug in heißer Liebe
St. Franciscus zartes Herz,
In der Liebe Flammentriebe
Segnet er das Kind in Schmerz.

 In der Liebe Flammentriebe
 Segnet er das Kind in Schmerz.

Jenes Röschen, fast verblichen,
Hebt sich zu der Mutter Freud'.
Alle Noth ist ihm gewichen,
Umgewandelt Schmerz und Leid
Schwellend, wie der Blumen Düfte,
Steigt der Jubel rings umher
Durch des Himmels blaue Lüfte
Zu des Höchsten Preis und Ehr.

 Durch des Himmels blaue Lüfte
 Zu des Höchsten Preis und Ehr.

Selbst Franciscus wird erschüttert
Ueber diese Himmelsgnad'
Und sein Mund, der jubelnd zittert,
Zeigt dem Sohn den Lebenspfad.
"Bona", ruft er laut "ventura!"
„Gut ist das Ereigniß hier!"
Gut war es, das Kindlein ward ja
Seinem Orden Schmuck und Zier.

 Gut war es, das Kindlein ward ja
 Seinem Orden Schmuck und Zier.

  „Obwohl die Feier keineswegs eine Art Exhibition sein sollte, so mußten doch alle Anwesenden auf den Gedanken kommen, daß in der Stille der Klöster die Wissenschaften einen ruhigen Zufluchtsort gefunden haben, wo das Studium der klassischen Sprache Latiums, wie der Sprache Göthe's und Schiller's, der Gesang, Poesie und Redekunst fleißig gepflegt werden."
  Dieser Beschreibung lassen wir eine andere folgen von einem Feste, das an allen Orten, wo der Orden des seraphischen hl. Franciscus blüht, zum volksthümlichsten aller Kirchenfeste geworden ist, des am 2. Aug. gefeierten Por=

29

tiunkula Festes. Seinen Namen·hat das Fest Portiunkula
einem kleinen Felde in der Nähe von Assisi, auf dem eine klein
hl. Franciscus wieder hergestellte Kapelle stand. Später n
„Maria von den Engeln" genannt wegen der himmlischen E:
dort oft stattfanden. Unter allen Tempeln gab St. Francisc:
zug, dort betete er am liebsten, dort war seine gewöhnliche Wof
im Okt. 1221 in einer Höhle in der Nähe von Portiunkula mit
dacht für die Bekehrung der Sünder betete, wurde Franciscus d:
eines Engels gemahnt sich in die Kapelle zu begeben. Sogl
Portiunkula, wo ein unaussprechlicher Anblick sich seinen Auge
dem Altare stand in übernatürlichem Lichte und strahlender Sch
liche Heiland, in seinem Blick unvergleichlich Güte und Mi
Zu seiner Rechten war seine glorreiche Mutter und rund um
himmlischer Geister. Unser Heiliger, vor Freude außer sich, be
an mit den heiligen Engeln. „Franciscus," sprach da der Sohr
„Ich kenne den Eifer, womit ihr, du und deine Brüder, am §
arbeitet. Zur Belohnung dafür erbitte dir für sie nnd zur C
mens irgend eine Gnade, und ich will sie dir gewähren; denn
Welt gegeben, damit du das Licht der Völker und die Stütze mein
In tiefster Demuth aber mit dem vollsten Vertrauen erbat sich
die Gnade, daß alle, welche ihre Sünden bekannt und aufrichti
würden und dann die Kirche von Portiunkula besuchten, vollf
und die Verzeihung aller ihrer Sünden erlangen möchten. Mar
für ihn ein und Franciscus erhielt die Versicherung, daß se
worden, unter der Bedingung jedoch, daß der Stadthalter Jesu C
diesen Ablaß bestätigte. Papst Honorius der III. gab diese §
nach einer zweiten der ersten ähnlichen Erscheinung bestimmte d:
Aug. als den Tag, an welchem der Ablaß gewonnen werden
ersten Vesper an bis zum Abend des folgenden Tages. Die hi
heit dieses Ablasses steht über allen Zweifel erhaben. Die I
haben diesen Ablaß nicht blos anerkannt, sondern auf alle Kirch
den des hl. Franciscus ausgedehnt, und zwar so oft den bet:
gewährt als die Bedingungen an diesem Tage erfüllt werden.

Wo immer jetzt eine Ordenskirche sich findet, pilgern Tauf
ihre Sünden zu bekennen, zu bereuen und nach der sakramental:
von den Sünden auch vollkommenen Nachlaß aller zeitlichen Sü
zu sichern, und so sich der großen von St. Franciscus·erlangt:
haftig zu machen.

Schon im Jahre 1874 wurde dieses Fest in der St. Fr
auf's Feierlichste begangen. Die Kirche prangte in ihrem herrli

John F. Baasen.

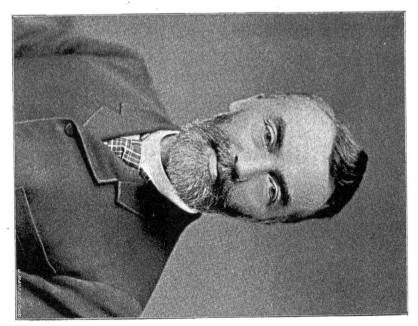

Michael A. J. Baasen.

und war den ganzen Tag mit Andächtigen, die nicht blos aus allen Theilen der Stadt, sondern selbst von Racine, Beaver Dam und Sheboygan herbeiströmten, förmlich überfüllt. Mehr als 700 Gläubige nahten sich dem Tische des Herrn. Das feierliche Hochamt celebrirte der hochw. P. Guardian Laurentius, unter Assistenz der hochw. PP. Ludwig und Dominikus als Diakon und Subdiakon. Die Festpredigt hielt der hochw. Theo. Brünner, Rektor des Lehrerseminars zur hl. Familie zu St. Francis. Vater Brünner sprach Worte die vom Herzen kamen und zum Herzen gingen und machte dadurch einen tiefen Eindruck auf seine vielen Zuhörer. Außer Herrn Rektor erschienen im Laufe des Tages noch folgende Herren in der St. Franciscus-Kirche zur Verrichtung ihrer Andacht: der hochw. F. X. Krautbauer, Beichtvater im Kloster der Schulschwestern zu Notre Dame, H. J. Holzhauer, Pfarrer der St. Josephs-Gemeinde, A. Sauter, Seelsorger der Marien-Gemeinde in Dubuque, und J. A. Birkhäuser, Professor und Prokurator im Salesianum zu St. Francis.

Herr Lehrer und Organist Const. Ries trug mit seinem vortrefflich geschulten Chor sehr Vieles zur Hebung des schönen echt katholischen Festes bei.

Die außerordentlich große Betheiligung an diesem Feste und das Herbeiströmen von Pilgern aus weiter Ferne beweist den kirchlichen echt religiösen Sinn unseres Volkes. Dann auch beweist es die große Popularität den PP. Capuciner, die hier in Amerika wie in Europa zu den beliebtesten und volksthümlichsten Priestern zählen, die sich bestreben Volksmänner im wahren Sinne des Wortes zu sein.

Am 8. Okt. verlor die Gemeinde einen ihrer Hauptgründer, einen freigebigen Wohlthäter und eifrigen Arbeiter für das Gedeihen derselben, Herrn J. F. Baasen, durch den Tod im Alter von 80 Jahren.

Vom 26.—31. Oktober verlief die jährliche Fair für die Kirche und vermehrte die Kasse um $2473.65.

Am 7. Dezember feierte der hochwürdige P. Xaverius Kralczinski, O. M. Cap., damals Pfarrer der St. Hedwigs-Kirche, in der St. Franciscus-Kirche fein 50jähriges Ordensjubiläum. Am 7. Februar 1806 zu Muranow in Russisch-Polen geboren, trat er am 6. Dezember 1824 in den Capuziner-Orden in Warschau ein, nachdem er seine klassischen Studien vollendet hatte. Noch ehe er das kanonische Alter erreicht hatte, ward er mit Dispens am 13. Juni 1829 zum Priester geweiht, zwei Jahre darauf zum ersten Lector, d. h. Professor der Theologie und Philosophie, erwählt, darauf zum Guardian und endlich zum Präfekt der Volksmissionen ernannt, wobei er eine außerordentliche Missionsthätigkeit entfaltete. Viele seiner hiesigen Landsleute waren Zeuge, wie er nicht selten im Freien vor mehr als 20,000 Menschen predigte.

Seine Erlebnisse waren höchst interessant. Die Niederwerfung der polnischen Insurrektion setzte seiner Missionsthätigkeit eine Grenze, und ließ ihn die Grausamkeiten der russischen Verfolgung in vollem Maße kosten. Nach der Einnahme von Warschau wurden sämmtliche katholische Klöster unterdrückt und die Orden aufgehoben. Nach Aufhebung seines Klosters wurde P Xaverius in Zakroczym internirt. Aus dem Kerker befreit, beschloß der gute Pater nach 4jähriger vergeblicher Hoffnung auf Wiederherstellung seines Ordenshauses seinem Heimathlande auf immer Lebewohl zu sagen. Sein Weg führte ihn zuerst nach Krakau in Galizien, von da nach München, Paris und endlich nach Rom, wo er sich seinem Ordensgeneral und der Propaganda zur Verfügung stellte.

Zuerst für die türkische Mission in Constantinopel bestimmt, entschloß er sich endlich nach Amerika zu gehen, um ein seinem heimathlichen mehr ähnliches Klima zu finden. und kam in der ersten Woche des Monats Juni 1870 in dieses Land. Hier schloß er sich seinen Brüdern an und hielt sich einige Zeit im hiesigen Kloster auf, bis ihm Bischof Henni die polnische Gemeinde in Manitowoc übertrug und ihn im Jahre 1872 an die St. Hedwigskirche in der ersten Ward hierher berief.

Noch geistig und körperlich frisch, obschon beinahe 70 Jahre alt, schien dem guten Pater noch viele Jahre eines segensreichen Wirkens in Aussicht zu stehen.

Am 3. Juni fand die feierliche Ueberreichung des Palliums an den hochwürdigsten Herrn Erzbischof Henni durch Mgr. Roncetti statt. Morgens war feierliches Pontifikalamt in der Kathedrale, am Abende brachten Katholiken und Nichtkatholiken dem greisen Oberhirten ihre Huldigung dar, durch einen großartigen Fackelzug, der an die 4500 Fackeln zählte. 10,000 Menschen befanden sich vor der erzbischöflichen Residenz, als der beliebte Vater den Beweis der Liebe und Hingebung seiner Kinder entgegennahm. Es braucht nicht erwähnt zu werden, daß die Männer-Vereine der St. Franciscus-Gemeinde vollzählig anwesend waren.

Am 29. Juni 1875 fand in der Cathedrale zu Milwaukee die Consekration des hochw. F. X. Krautbauer zum Bischof von Green Bay statt. Die St. Franciscus-Gemeinde war ihm zu besonderem Danke verpflichtet. Mit Freuden folgte daher der hochw. P. Franciscus, O. M. Cap., der Einladung, ihm die deutsche Predigt zu halten, während der hochwst. Bischof McQuaid von Rochester die englische Anrede hielt.

7. Nov. Priesterweihe der hochw. PP. Petrus Ernsdorf, O. M. Cap., Bernardin Schmitz, O. M. Cap., und Joseph Pickel, O. M. Cap.

14. Nov. Primiz der hochw. PP. Petrus und Bernardin.

Im Nov. dieses Jahres wurde in Pewaukee die St. Peter und Pauls-Kirche eingeweiht. P. Dominicus, O. M. Cap., von der St. Franciscus-Kirche hielt das Amt. Die hochw. Herren D. Thill und Payer assistirten

The Interior Choir.   **Der Innere Chor.**

Der hochw. D. Thill hielt die Predigt. Von da an versah P. Dominicus diese Gemeinde alle 14 Tage. Wie St. Peter und Paul wurden auch andere Gemeinden vom hiesigen Kloster aus versehen. Ein Pater ging allsonntäglich zur Aushilfe in die St. Josephs-Kirche, ein anderer in die Marien-Kirche, wieder ein anderer in die Dreifaltigkeits-Kirche, dann wieder auf kleinere Landgemeinden, bis diese im Stande waren einen Priester zu unterhalten. Während des Jahres hielten die Patres häufig Missionen ab, oder predigten bei Gelegenheit des vierzigstündigen Gebetes, weit über die Grenzen des Staates hinaus. Unberechenbar ist der Segen, den die Patres im Laufe der Jahre besonders den deutschen Katholiken des Staates gebracht.

Schon damals war die Idee, die den hochw. P. Franciscus veranlaßt hatte zur Gründung des Ordens, verwirklicht und trug immer reichere Früchte.

In Milwaukee war eine blühende Gemeinde erstanden. Die Zahl der Familien nahm mit jedem Jahre zu, in gleichem Maße vermehrte sich der Schulbesuch. Die Kirche bot für die gewöhnlichen Besucher hinlänglichen Raum, wenn man auch zu den Aktiven Familien auch eine verhältnißmäßig große Zahl von Hospitanten oder wandernder Familien dazu zählen mußte. Noch war die Schule nicht überfüllt, dennoch waren schon frühe Stimmen laut geworden, die zum Bau einer neuen Kirche anregten. Beim Bau der ersten Kirche hatte man nur darauf gesehen, ein geräumiges Lokal zu schaffen, in dem die meistens aus Arbeitern bestehenden Familien der Nordseite sich zum Gottesdienste versammeln konnten. Mit dem Unentbehrlichsten zwar versehen, fehlte ihr jeder innerer und äußerer Schmuck. Im Innern fehlte lange das Pflaster, außen hatte sie eben erst die Clapboards erhalten. Dem Geiste des armen Franciscanerordens entsprach wohl diese Armuth und auch heute noch zeichnet sich der Klosterchor durch seine Einfachheit und prunklose Einrichtung aus. Allein es gab Leute, die in unmittelbarer Nähe der Kirche wohnten, und sich der Gemeinde nicht anschlossen, weil ihnen die Kirche „zu wüst" war. Andere gingen wohl hinein, aber schämten sich ihrer Kirche, wenn auch nicht ihres Glaubens, so oft über die verschiedenen Kirchen der Vergleich angestellt ward.

P. Laurentius, Pfarrer der Gemeinde, glaubte endlich dem Drängen der Gemeinde nachgeben zu müssen und beauftragte Herrn Wm. Schickel von New York, einen durch große Kirchen- und Kloster-Bauten im Osten bewährten Architekten, die Pläne für eine neue Kirche anzufertigen. Die neue Kirche sollte hinreichend geräumig sein, um des beständigen Wachsthums dieses Stadttheiles Rechnung zu tragen, ohne jedoch durch ihre Größe auf Jahre hinaus die Lehren des Predigers und Katecheten unhörbar zu machen, abgesehen von den unnöthigen Kosten. Sie sollte dauerhaft sein, dabei schön und stylgerecht. Herr Schickel hat seine Aufgabe in der Weise gelöst, daß sein im Osten erworbener Ruhm sich auch über den Westen verbreitet hat. Herr Louis Benziger, der sich

33

wohl ein Urtheil über die Kirchen der Alten und Neuen Welt erlauben darf, sagte einmal bei Gelegenheit eines Banquets vor einer auserlesenen Gesellschaft: „Meine Herren, wenn Sie eine Kirche sehen wollen, in welcher sich andächtig und gehoben beten läßt, dann besuchet das Kirchlein des hl. Franciscus zu Milwaukee." Ein anderer Kritiker erklärte: „Ich glaubte einzutreten in eine Kirche, die schon seit Jahrhunderten da gestanden, und die massiven Pfeiler und wohlgefügten Bogen schienen noch Jahrhunderten trotzen zu wollen."

Durch Kollekten und freiwillige Almosen kamen $7,882.00 zusammen. Die jährliche Stuhlrente betrug $1,002.00. Eine im Herbst abgehaltene Fair brachte $2,079.50 ein. Der Uebersichtlichkeit halber erwähnen wir gleich hier, daß in diesem Jahre für den Kirchenbau $29,471.92 verausgabt wurden.

4 April. An diesem Tage starb Herr August Grau im Alter von 66 Jahren. Die Pflicht der Dankbarkeit fordert, daß wir seiner besonders gedenken als eines der hervorragendsten Wohlthäter der Gemeinde und des Klosters.

7. April. Priesterweihe der hochw. PP. Matthäus Holzmiller, O. M. Cap., und Angelus Jele, O. M. Cap. Letzterer hielt am folgenden Osterfeste als am 17. April in der St. Franciscus=Kirche feine Primiz.

18. Juni. Am Sonntage innerhalb der Frohnleichnamsoktav wurde vom hochw'sten Herrn Erzbischof der Grundstein gelegt zur neuen Kirche unter Assistenz mehrerer Priester. Der hochw. P. Antonius Rottensteiner, O. M. Cap., hielt im Freien an die versammelte Menge eine begeisterte Predigt über die Eigenschaften der Kirche Gottes mit entsprechendem Hinweis auf das im Werden begriffene Gotteshaus. Leider hielt die drohende Witterung die eingeladenen Vereine ab, zahlreich zu erscheinen und ein während der Predigt herabträufelnder leichter Regen beschleunigte die Beendigung der Ceremonien und die Zerstreuung der Menge.

22. Dezember. Priesterweihe der hochw. PP. Bruno Schmitt, O. M. Cap., und Vinzenz Heinekamp, O. M. Cap. Wegen des Baues wurde sie im inneren Chor vorgenommen.

24. Dezember. Primiz des P. Vinzenz. Predigt von P. Laurentius.

24. Dezember. „Der gute Vater Kralczynski (P. Xaverius) ist gestorben." So lautete die Trauerkunde, welche die Herzen unserer polnischen Glaubensgenossen von Milwaukee am Tage vor dem hochheiligen Weihnachtsfeste schmerzlich berührte. Am Sonntag, den 24. Dez., am vierten Adventsonntage, hielt der greise Capucinerpater Kralczynski in der polnischen St. Stanislaus= Kirche, deren Pfarrer er war, während des Hochamtes die Predigt. Und wunderbar! Pater Kralczynski predigte in ergreifendster Weise über den Tod. Darauf trug derselbe noch den Kelch zum Altar, worauf der hochw. Assistent das hl. Meßopfer weiter celebrirte. P. Kralczynski begab sich dann zum Pfarrhause. Mitten auf dem kurzen Wege von der Kirche zum Pfarrhause

August Grau.

wurde der greise Pfarrer vom Schlage getroffen, der sofort den Tod zur Folge hatte.

Der Verstorbene hatte sich der hiesigen Provinz angeschlossen. Soviel wir uns erinnern, hatte er am Tage der Einweihung unserer ersten Kirche das Hochamt gehalten und würde wohl an der Franciscus=Kirche geblieben sein, wenn er deutsch hätte predigen dürfen, doch war er der deutschen Sprache kaum hinreichend mächtig. Deßhalb gab ihm Erzb. Henni die polnische Gemeinde in Manitowoc, später versetzte er ihn nach Northeim, berief ihn dann an die hiesige Hedwigs=Kirche und endlich an die St. Stanislaus=Kirche. Er war ein Mann von hervorragender Tugend, und wenn das kleine greise Männchen in seinem braunen Habit durch die Straße ging erbaute er durch seine Erschei= nung ebenso wie durch seine Predigt.

Wir bemerken hier, daß es lange den Paters gestattet war ihr Ordenskleid in den Straßen der Stadt zu tragen. Anfangs konnten sie so unbehelligt in die Josephs=Kirche gehen, in das Notre Dame Kloster, oder wo immer ihre Aushilfe von Nöthen war. Allmählig aber wurde dieser Stadttheil dichter an= gesiedelt. Den Neckereien der Kinder folgten die Spöttereien der Großen, und Schmutz und Steine ungezogener Jungen. Die Klugheit forderte, und die Ehrfurcht gegen das Allerheiligste beim Krankenversehen, daß der Habit beim Ausgehen mit Civilkleidern vertauscht wurde.

8. Februar 1877. Schon zur frühen Morgenstunde hatte sich am Donnerstag, den 8. Februar 1877, dem denkwürdigsten Tage in den Annalen der Gemeinde, eine große Volksmenge vor der neuen Kirche versammelt, um der Weihe derselben, die vom hochwürdigsten Herrn Erzbischof Henni vollzogen werden sollte, beizuwohnen. Wir unterlassen es, die Feierlichkeiten der Ein= weihung, die bald nach 8 Uhr ihren Anfang nahmen, zu beschreiben, da doch gewiß schon die Meisten diesen sinnreichen und hebenden Ceremonien bei= gewohnt. Als nach geschehener Weihe des Inneru, die bei verschlossenen Thüren vorgenommen wurde, die drei Thüren, die in das Innere des Gottes= hauses führen, geöffnet wurden, ergoß sich der Strom der Andächtigen, wohl aus 1000 Köpfen bestehend, in dasselbe und füllte die drei Schiffe und den Chor in wenigen Minuten. Nun begann die Consekration des Hochaltars, die der hochwürdigste Herr Erzbischof Henni vornahm unter üblicher Assistenz. Besonders erhebend war der Gesang der Priester, ungefähr 40 an der Zahl, die während der Consekration des Hochaltars die vorgeschriebenen Psalmen und Antiphonen sangen.

Nachdem die Consekration vollendet war, begann das vom hochwürdigsten Herrn Erzbischof celebrirte Pontifikalamt.

Unter den zahlreichen Gästen befand sich auch der um die Kirche und das Interesse der Deutschen wohlverdiente Redakteur der „Stimme der Wahrheit"

von Detroit, Mich., der aber nicht ein bloßer Zuschauer war, sondern am
Abend einen gediegenen Vortrag hielt, und den Erlös derselben der St. Fran=
ciscuskirche zuwandte. Wir wollen dem geneigten Leser den interessanten aus=
führlichen Artikel, den er in seinem trefflich redigirten Blatte über die Feier
brachte, nicht vorenthalten. Die Einleitung zeigt, aus welchem politischen
Mißmuthe, die Erinnerung an die schöne Feier ihn aufzurütteln vermochte.
Er schreibt :

„Während die 8 republikanischen Mitglieder des nationalen Schiedsgerichtes
in Washington durch ihren rücksichtslosen und parteiischen Lösungsversuch der
Wahlwirren in Florida und Louisiana der Gerechtigkeit und Ehrlichkeit einen
empfindlichen Faustschlag versetzten; während die plötzliche Entlassung des
reformfreundlichen Midhat Pascha und die feste herausfordernde Haltung des
Sultans bei allen cosmopolitischen Beobachtern der Zeitereignisse die größte
Verwunderung hervorriefen, vollzog sich in der so schönen und so romantisch am
Michigan=See gelegenen Stadt Milwaukee ein Ereigniß, welches nicht nur die
Herzen aller Thatkatholiken dieses Landes mit Freude erfüllte, sondern selbst für die
Engel des Himmels ein Gegenstand besonderen Jubels und Frohlockens war:
der greise Erzbischof Johann Martin Henni, welcher den Hirtenstab schon unter
der Administration des Präsidenten Tyler (1844) ergriff, und denselben wäh=
rend des langen Zeitraums von 33 Jahren mit kräftiger Hand geführt hat,
segnete die dreizehnte katholische Kirche in Milwaukee ein und übergab sie dem
Dienst des Allerhöchsten. Die dreizehnte Kirche in einer Stadt, die vor 50
Jahren noch nicht existirte, und die vor 30 Jahren blos ein einziges und dabei
sehr armseliges Holzkirchlein aufzuweisen hatte. Der 8. Feb. an welchem diese
dreizehnte katholische Kirche dem gottesdienstlichen Gebrauche übergeben wurde,
war deßhalb ein Freudentag nicht allein für den betagten Oberhirten, für die
hochw. PP. Capuciner, und die Mitglieder der St. Franciscusgemeinde, son=
dern für alle Katholiken der Stadt und Erzdiözese Milwaukee. Der hochwst.
Herr Erzbischof Henni nahm die Ceremonien der Einsegnung des herrlichen
neuen Gotteshauses, welches der kunst= und bauverständige Bischof F. X. Kraut=
bauer von Green Bay, von der Kanzel aus als die schönste Kirche in ganz
Wisconsin bezeichnet hat, unter Assistenz von ungefähr 40 Welt= und Ordens=
priestern in eigener Person vor, unterzog sich der sehr lange andauernden und
ermüdenden Funktion der Consekration des Hochaltars und celebrirte schließlich
das feierliche Pontifikalamt in Gegenwart der hochwst. Bischöfe F. X. Kraut=
bauer von Green Bay und S. Seidenbusch, O. S. B., von St. Cloud, Minn.,
welche aus dem fernen Nordwesten herbeigeeilt waren, um das Freudenfest der
St. Franciscusgemeinde durch ihre Anwesenheit zu verherrlichen. Nach der
Beendigung des Pontifikalamtes bestieg der hochwst. Oberhirte von Green Bay
die Kanzel und hielt die Festpredigt. Nachdem der hochwst. Redner im Ein=

The High Altar.   Der Hoch=Altar.

gang seiner Freude über das herrliche Aufblühen des Katholizismus in Mil=
wankee Ausdruck verliehen und die Entstehung der Gemeinden und Gotteshäu=
ser in der Metropole Wisconsins geschildert hatte, ging er zur Erklärung des
Wortes und Begriffes „Kirche" über und bezeichnete dieselbe als das Haus
Gottes und die Pforte des Himmels. Der hochwst. Bischof setzte auseinander,
daß die Kirche ein Haus Gottes ist, weil der göttliche Heiland im Tabernakel
seinen beständigen Wohnsitz aufgeschlagen hat, weil er dort in anbetungswür=
diger Demuth unter Brodsgestalt verborgen stets mit den Menschen verkehrt
und seine Besucher mit Gnaden überhäuft. Hätte Salomon, der große Freund
der Zierde des Hauses Gottes, eine katholische Kirche mit leiblichen Augen ge=
sehen, so wäre er zur Erde niedergefallen und hätte den in derselben thronenden
Gottmenschen kniefällig angebetet. Die katholische Kirche ist die Pforte des
Himmels weil darin das unblutige Opfer des neuen Bundes dargebracht wird;
weil in ihren geweihten Räumen die heiligen Sakramente der Taufe, der Fir=
mung, der Buße, des Altars, der Priesterweihe und der Ehe gespendet werden,
die sterblichen Ueberreste der Gläubigen ausgesegnet und für die Lebendigen und
die Todten Gebete aufgeopfert werden. Nur wer an den Gnadenschätzen der hl.
Kirche theilnimmt, die hauptsächlich im Hause Gottes gewonnen werden können, ist
zur Hoffnung berechtigt in den Himmel aufgenommen zu werden und sich der bese=
ligenden Anschauung Gottes auf ewig zu erfreuen. Zum Schluß der erhabe=
nen Feier ertheilte der hochwst. Bischof Seidenbusch den Segen mit dem Aller=
heiligsten. Das sehr geräumige Gotteshaus war mit Andächtigen aus Stadt
und Land dicht angefüllt. Auf den Gesichtern aller Anwesenden konnte man
die Freude über den schönen Tempel des Herrn, welchen die deutschen Katholiken
des nördlichen Stadttheiles von Milwaukee zu Ehren des hl. Franciscus von
Assisi mit großen Opfern errichtet haben, ganz deutlich erkennen. Ebenso das
freudige Erstaunen über die ausgezeichneten Leistungen des Herrn Lehrers und
Organisten Arens und dessen jungen aber vortrefflich eingeschulten und einge=
übten Kirchenchores, welcher nur streng kirchliche Gesänge zur Aufführung
bringt; Gesänge, die mit den Gebeten und Festtönen des Priesters am Altare
in Einklang sind und das Volk wirklich zur Andacht stimmen. Die Leistungen
des Herrn Arens und des Kirchenchores der St. Franciscus=Gemeinde in Mil=
wankee am Tage der Einweihung des neuen Gotteshauses haben die Freunde
des Cäcilien=Vereins außerordentlich befriedigt und den Gegnern des ächten
Cäciliengesanges das Geständniß abgenöthigt, daß die vom Cäcilien=Verein an=
gestrebten Reformen Resultate erzielen, die sich nicht ignoriren lassen.

Nach dem Vormittagsgottesdienste versammelten sich die Herrn Bischöfe
von Green Bay und St. Cloud, sowie die hochw. Welt= und Ordensgeistlichkeit
und einige hervorragende Laien im Refektorium der PP. Capuciner, um das
Mittagsmahl einzunehmen. Es herrschte die größte Gemüthlichkeit in dem

einfachen Speisesaale der strengen Ordensmänner, welche sich herzlich freuten so viele und ausgezeichnete Gäste in ihrer Mitte zu sehen. Die Gemüth= lichkeit erhielt eine besondere Würze durch die witzigen und erheiternden Be= merkungen, welche der mit einem unverwüstlichen Humor begabte Pfarrer von Beaver Dam, Rev. Franz Fußeder, von Zeit zu Zeit vernehmen ließ.

Nachmittags um 4 Uhr war feierliche Vesper, welche der hochw. Vater Holzhauer, Pfarrer der St. Josephs=Gemeinde in Milwaukee, unter Assistenz von vielen Priestern und Klerikern celebrirte. Abends um 8 Uhr hielt meine Wenigkeit, (J. B. Müller, Redakteur der „Stimme der Wahrheit"), in der alten Kirche, welche in eine Schulhalle verwandelt wurde, einen anderthalb= stündigen Vortrag über die Verfolgungen und Siege der katholischen Kirche von den Zeiten des Kaisers Nero bis zu den Tagen Napoleons III., Victor Emanuel's, Bismarck's und die Kellenritter, welche in allen fünf Welttheilen einen Windmühlenkampf gegen den Offenbarungsglauben organisirt haben. Der Vortrag war trotz des hohen Eintrittspreises von 50 Cents pro Person sehr zahlreich besucht und fand großen Beifall.

Die neue St. Franciscus=Kirche in Milwaukee ist ein prachtvoller Tempel des Herrn, ein architektonischer Schmuck, der an schönen Gebäuden nichts weni= ger als armen „Cream City". Die Kirche ist im römischen Style aufgeführt, der in allen Theilen des Gebäudes strikt durchgeführt wurde. Als Architekt fungirte Herr Wm. Schickel von New York, welcher sich durch sein Werk in Milwaukee ein bleibendes Denkmal geschaffen hat. Die Kirche ist dreischiffig und hat eine Länge von 140, eine Breite von 61 und im Mittelschiffe eine Höhe von 51 Fuß. Das Fundament ist aus Wauwatosa Bausteinen, das übrige Mauerwerk aus Backsteinen. Die Maurerarbeiten haben die Gebrüder Kraatz, die Steinarbeiten Al. Schmidt und die Schreinerarbeiten Herr J. Fellenz von Milwaukee zu allgemeiner Befriedigung hergestellt. Das Innere des Gotteshauses ist von überraschender Harmonie, Würde und Majestät. Beson= ders machen die stattlichen Säulen, welche das Gewölbe tragen einen groß= artigen Eindruck. Ebenso die herrlichen Dekorations=Malereien, welche Herr Muer von New York mit Meisterhaftigkeit ausgeführt hat. Die gemalten Fenster stammen aus der Anstalt des Herrn Mittermaier in Brooklyn und zeichnen sich durch Farbenfrische und die feine Zeichnung der Ornamente aus. Besonders frisch und geschmackvoll ist die große Rosette über dem Hauptportale ausgeführt. Dieselbe stellt das Wappen des Capuziner=Ordens vor. Der Hochaltar und die 5 Seitenaltäre sind (noch nicht vollendet, werden aber bis Ostern fertig sein, und soweit sich aus den Zeichnungen erkennen läßt), durch= aus stylgerechte Zierden des Gotteshauses, die dem Künstler Herrn Fr. H. Brielmaier in Milwaukee, der auch die schöne neue Kanzel verfertigt hat, zu großen Ehren gereichen und für denselben eine immerwährende Empfehlung

The Triumph of Christianity.   Der Triumph des Christenthums.

sind. Die Kommunionbank ist eine Arbeit des Herrn Joseph Vogt in Mil=
waukee. Als den größten Schmuck der Franciscus-Kirche bezeichnen alle
Kunstkenner einstimmig das von dem berühmten Historien=Maler Herrn
Lamprecht von New York außerordentlich geistreich concipirte und mit vollen=
deter Meisterhaftigkeit in Oelfarben ausgeführte große Wandgemälde über
den riesigen Rundbogen, welcher den Abschluß des Mittelschiffes bildet.
Das Gemälde ist ein Kunstwerk in Style des gefeierten Meisters
Schraudolph, der durch seine Fresken im Dome zu Speyer seinen
Namen verewigt hat. Herrn Lamprecht's neuestes Meisterwerk stellt
den Triumph des Christenthums auf Erden dar. Als Hauptfigur
erhebt sich Christus mit der weißen Toga und einem weißen Mantel bekleidet,
das aufgeschlagene Evangelienbuch in seiner Linken und die Rechte ausstreckend,
umgeben von einem länglich ovalen Strahlenkranze, der die ganze Gestalt des
Gottmenschen umgibt und hinunterreicht bis zu den Symbolen der vier Evan=
gelisten, welche den Thron bilden, auf dem der Heiland in triumphirender Maje=
stät schwebt. Das Antlitz des Heilandes ist sehr ausdrucksvoll und macht auf
jeden Beschauer den tiefsten Eindruck. Rechts neben dem Welterlöser steht die
Himmelskönigin, eine herrliche, wunderliebliche Gestalt, voll schöner Anmuth,
welche fürbittend für die streitende Kirche, deren Patronin sie ist, zu ihrem
göttlichen Sohn emporblickt. Links vom triumphirenden Heilande ist als dritte
Hauptfigur der hl. Johannes der Täufer, welcher als der Vorläufer des Herrn,
auf Christus hinweist. Auch das Bild des hl. Johannes zeigt die Genialität
des Künstlers im Entwurf und in der Ausführung. Neben den drei Haupt=
figuren erheben sich zu beiden Seiten schön geordnete Gruppen, von denen die
links von Christus den ehrwürdigen Priesterkönig Melchisedech, Moses, David,
Jeremias und andere Propheten darstellt. Melchisedech hat Brod und Wein
in seiner Linken und weist auf die drei über der Gruppe schwebenden Engel hin,
welche die Symbole des allerheiligsten Altarssakramentes in den Händen tragen.
Moses, David, Jeremias und die übrigen alttestamentlichen Propheten blicken
mit heiliger Freude auf den Welterlöser, den sie vorausverkündet und zeitlebens
mit Sehnsucht erwartet haben. Die Gruppe rechts von Christus stellt den hl.
Joseph, die vier großen Kirchenlehrer St. Gregorius, Ambrosius, Hieronymus
und Augustin, die zwei berühmten Ordensstifter St. Franciscus und St.
Dominicus, den hl. Martyrer Laurentius, die Apostelfürsten Petrus und
Paulus und andere Apostel dar. Ueber dieser Gruppe, deren Figuren ohne Aus=
nahme das Gepräge geistreicher Conception und künstlerischer Ausführung
tragen, schweben drei Engel, welche die drei Haupttugenden des Christen=
thums, Glaube, Hoffnung und Liebe symbolisiren. Unter der alttestament=
lichen Bildergruppe gewährt der Beschauer noch ein ergreifendes Bild: Die
Hauptfeinde Christi und seines Reiches, die Sklaven des bösen Feindes,

deren Motto lautet: "Non serviam Deo." „Ich will Gott nicht dienen." Die Hauptfigur dieser Gegner Christi ist ein aufgeblasener, eingebildeter „Gelehrter", der sich der Lehre des Heilandes nicht unterwerfen will, sondern mit grimmigem Stolz auf eine Schriftrolle hinweist, die seine Weisheit enthält, welche er in seiner Verblendung dem Worte Gottes und der Lehre der Kirche vorzieht. Der Teufel hat übrigens den verstockten Gelehrten bereits in den Krallen und macht Miene ihn hinüber zu ziehen in die Flammen des höllischen Abgrundes. Sehr gelungen sind als Nebenfiguren der Geiz, die Fleischeslust und der Götzendienst personifizirt. Das kunstvolle, in sehr lebhaften Farben ausgeführte Meisterwerk Lamprecht's ist das Geschenk eines Fräuleins in Milwaukee, welches nach dem Beispiele der frommen und wohlthätigen Tabitha (vgl. Apostg. 9, 36–41) ihre Freude darin findet die ihr vom Herrn geschenkten Reichthümer zur Zierde des Hauses Gottes und zur Linderung menschlichen Elendes zu verwenden. Außer der Stifterin des Lamprecht'schen Wandgemäldes haben noch viele Mitglieder der Franciscus-Gemeinde ihre wohlthätigen Hände weit aufgethan, und sämmtliche Glasgemälde, die sechs Altäre, die Kanzel, die Kommunionbank auf eigene Kosten anfertigen lassen. Die ganze Gemeinde hat große Opfer gebracht und zum Bau des schönen Gotteshauses freudig beigesteuert. Die neue St. Franciscus-Kirche, welche mit ihrem stattlichen, (schon völlig ansgebauten) Thurme, die ganze Stadt Milwaukee beherrscht, hat 42,000 Dollars gekostet und steht jetzt da als ein großartiges Denkmal der Opferwilligkeit der Gemeindemitglieder und des unermüdlichen Eifers des hochw. P. Guardian Laurentius und des hochw. P. Antonius, welche sich Tag und Nacht keine Ruhe gönnten, bis sie die Mittel zur Ausführung des herrlichen Werkes beisammen hatten.

Außer den bereits genannten hochw. Herren und den PP. Capuzinern waren anwesend die hochw. Herren L. Batz und L. Conrad, die als Ehrendiakone fungirten, P. Franciscus Haas, O. M. Cap., Custos der Capuciner in den Vereinigten Staaten, Chr. Wapelhorst, Rektor des Priesterseminars in St. Francis, Theo. Bruenner, Rektor des Lehrerseminars daselbst, H. J. Holzhauer, H. Gulski, O. S. F., L. Suchy, O. S. F., alle Herren Stadtpfarrer zu Milwaukee, ferner die hochw. Herren Krauthahn, O. M. Cap, Weiß, Goldschmidt, Strickner, Wilmes, Etschmann, Huber, Schwaiger, Reinhardt, Wenning, Albers, Raeß, Thill, die Herren Professoren Birkhäuser, Zeininger, De Berge und Flasch von St. Francis.

An der Prozession betheiligten sich der St. Bonaventura-Verein, der St. Franciscus Bau-Verein, der St. Antonius Jünglings-, der St. Elisabeth Frauen- und der Unbefleckte Empfängniß Jungfrauen-Verein.

Durch diese Feierlichkeit wurde wieder gezeigt, was Ausdauer, Frömmigkeit und einheitliches Zusammenwirken leisten können. Ein hehres Gotteshaus

Mother Caroline   Die Ehrw. Mutter M. Caroline Frieß.

wurde durch diese Eigenschaften von den Capucinern mit Hilfe der von ihnen pastorirten Gemeinde binnen Jahresfrist fertiggestellt, das nach menschlicher Berechnung noch viele Generationen um sich erstehen und vergehen sehen wird. Die innere Einrichtung gehört zu den prächtigsten und geschmackvollsten in den Vereinigten Staaten. Wenn wir sagen, daß der ganze Bau, ohne die Einrichtung, nur $42,000 gekostet, so wird derjenige, welcher denselben mit den auf Communalkosten aufgeführten öffentlichen Gebäuden vergleicht, sich über die außerordentliche Billigkeit desselben wundern.

Wenn man aber bedenkt, daß der P. Guardian Laurentius die Oberleitung des Baues gemeinschaftlich mit dem Architekten hatte, und der Orden überhaupt den Bau selbst führte, ja einzelne Ordensbrüder selbst Hand mit an's Werk legten, so wird einen dieses weniger Wunder nehmen.

Die Kirche ohne Gallerie bietet 790 Personen Sitzraum.

Abends um 8 Uhr hielt Herr Redakteur Müller von Detroit, wie schon angedeutet, seinen gediegenen Vortrag in der Halle neben der neuen Kirche. Er zeigte, wie die Kirche durch beinahe 19 Jahrhunderte die schwersten Verfolgungen zu dulden hatte, und wie alle Mächte der Hölle beständig bemüht waren, dieselbe von der Erde zu vertilgen; allein umsonst, da sie gebaut ist auf den Felsen, geht sie immer siegreicher und herrlicher aus diesen Stürmen hervor. Der Redner schloß mit einem „Hoch" auf den hl. Vater Papst Pius IX., der damals schon über 30 Jahre das Schifflein Petri durch die sturmbewegten Wogen gesteuert.

Es ist zu bedauern, daß der Vortrag nicht noch besser von Männern besucht war, denn so viele ängstliche Christen, die bei dem geringsten Sturme, der sich gegen die Kirche erhebt, zittern, wäre es gut und sehr nützlich einem solchen wissenschaftlichen Vortrag beizuwohnen.

Zum Schlusse bringen wir die Namen einiger Wohlthäter, soweit deren Veröffentlichung uns möglich ist, indem wir einige Gegenstände heranziehen, die kurze Zeit nach Vollendung der Kirche angeschafft wurden.

Die Dekoration der Kirche wurde zum größten Theile von der Ehrw. Mutter Carolina vom Notre Dame Kloster bezahlt.

Das kunstvolle Gemälde „Der Triumph des Christenthums" über dem Bogen des Sanktuariums ist ein Geschenk der Frl. Elis. Baasen ($550.00).

Die 14 Stationen sind ein Geschenk des Herrn J. G. Meyer ($1000.00). Von demselben Wohlthäter sind die große Monstranz ($250.00) und die vierarmigen Leuchter am Tabernakel ($40.00).

Für die Kanzel hat Herr W. Bergenthal $375.00 bezahlt.

Die Statue, die später auf den Schalldeckel der Kanzel kam, ist von Frau A. Klein. Von ihr ist auch der schöne Taufstein geschenkt.

Der Marien-Altar mit Dekoration und Statue ist von Herrn E. Briel= maier ($487.00).

Der St. Josephs=Altar ist ein Geschenk des Herrn Bal. Zimmermann ($350.00).

Eine Lampe für das Sanktuarium im Werthe von $50.00 und eine andere von $165.00 wurde der Kirche geschenkt von Herrn B. Lutfring.

Das schöne mit Seide und Goldfäden mit der Hand gestickte Tabernakel= Fähnchen ist von Frl. B. Jordan (etwa $40.00).

Die Herz=Jesu und Herz=Maria=Statuen im Sanktuarium sind von den hochwürdigen Herren Bonenkamp und Strickner (je ca. $100.00). Die Con= solen und Baldachinen dazu sind von Herrn P. Cassel ($250.00).

Die St. Josephs=Statue ist von Herrn H. Heid, die St. Aloysius= Statue vom hochwürdigen A. Niemann von East=New York (je $64.00).

Die St. Bonaventura=Statue vom St. Bonaventura=Verein, die St. Thomas=Statue von der Familie Möhle (je $108.00).

Die Fenster wurden gegeben von Jos. Philips ($50), F. J. Vorwerk ($50), St. Elisabeth Frauen=Verein ($50), St. Franciscus Bau=Verein ($50), St. Bonaventura=Verein ($50), H. J. Klein ($50), Familie Meier, ($50), J. Kihm ($50), Familie Neuzerling ($50), Familie Spies ($50), Familie P. Cassel ($50), M. Pilcher ($50), Familie Hinse ($50), W. Jordan ($25), St. Rosa=Verein ($38), Unbefleckte Empfängniß Jungfrauen=Verein ($38), St. Antonius Jünglings=Verein ($38), St. Aloysius=Verein ($38), B. Trimborn ($50), C. Kallenbach ($25), Familie Baasen ($160), Th. Wagner ($25), J. Brendler ($25), B. Schiller ($55), C. Scheftner ($25), C. Nettecower ($25), Familie C. Grau ($105), August Grau sen., ($105), August M. Grau jr. ($105), Familie Schimian ($105), Familie Stollenwerth ($50). Das Fenster in der St. Antonius=Kapelle und das große Rosetten=Fenster ist vom III. Orden.

Andere Wohlthäter: Rev. H. J. Holzhauer, Rev. L. Conrad, C. Runte, A. Runte, St. Engelhart, F. Boheim, A. Schmitt, Herr Raming, Herr Wolf, A. Dietz, A. Christl, B. Schmitt, P. Schramm, L. Zeller, Herr Marzolf, A. Schrott, G. Herrmann, N. Faust, J. Th. Dickmann, Gebr. Massino, A. Herde, B. Natus, Herr Kuhnmünch, Herr Pfeifer, A. Riedl, Herr Kist, S. Wendl, D. Sueß, Herr Sieben, N. Klank, Herr Weinmann, Herr Grotenrath, Herr Seifried, Herr Huhn, Herr Bröcker, Th. Müller, Frau Wagner, Fr. Pira, P. Buche, A. Klauf, P. Schwickert, Herr Segers, Agnesi= anerinnen, M. Kraus, F. Mersmann, Dreifaltigkeits=Gemeinde, Marien= Gemeinde, L. Bäumle, H. Brockmann, J. Fellenz, C. Deuster, Fr. Steinberg, G. Philips, D. Bauscheck, A. Schiefer, L. Weber, S. Merz, J. Brunesti, C. Reuter, L. Zeller, Wittwe Meier, J. Scherer, J. Kafmeier, P. Gutmann,

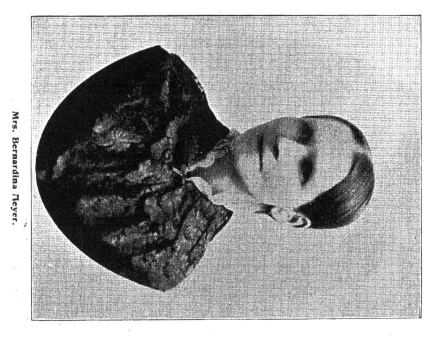

Mrs. Bernardina Meyer.

John G. Meyer.

C. W. Stehling.

Joseph Stehling.

Chas. H. Stehling.

Geo. T. Stehling.

John Val. Schmitt.

Anthony V. Romadka.

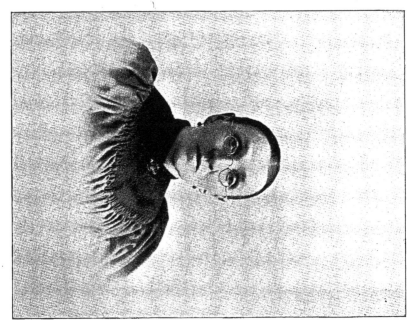

Frau Margaretha Seegers.

Gerhard Seegers.

H. Kramer, M. Benfing, G. Mofer, J. Dufold, R. Harmann, Herr Lehmann, J. Caffel, J. Schaffel, J. Dornuf, Herr Kopmeier, J. Jacobi, C. Sehling, M. Ries, Frau Mahony, Ag. Breitenstein.

Dieses sind die Namen derjenigen, die wenigstens $25 zum Bau bei= getragen haben. Es mögen aber mehrere hinzukommen, die durch wiederholte kleinere Beiträge dasselbe Verdienst haben.

Am Sonntag den 13. Mai 1877 Abends um ½8 Uhr fand in der St. Franciscus=Kirche zum Besten dieser Kirche ein großes zahlreich besuchtes Con= cert statt, gegeben von den vereinigten Chören des Priester= und des Lehrer= seminars in St. Francis. Prof. J. Singenberger, Musiklehrer an beiden genannten Anstalten und noch jetzt Redakteur der Cäcilia, des so verdienstlichen Organs für reine Kirchenmusik, dirigirte. Das umfangreiche, aus 17 Num= mern bestehende Program wurde von Anfang bis zu Ende mit größter Präzi= sion durchgeführt, und die Aufführung jeder einzelnen Nummer bewies die hier zu Lande nur selten gefundene Vollkommenheit in der Schulung der Sänger. Hätten dem Tenor der Chöre dieselben Stimmmittel zu Gebote gestanden, wie solche in den Bässen bekundet wurden, so hätte man die Aufführung in jeder Beziehung vollkommen nennen müssen. Ganz besonders gelang die Auffüh= rung des Salve Regina von Witt, das Ecce Homo von Händl und die Lita= niae Lauretanae von Singenberger. Wenn die Lamentatio von Bohlen und das herrliche Adoramus te Christe von Palaestrina nicht so vollkommen zur Geltung kam, so trug daran wohl der nicht ausreichende Tenor schuld. Prächtig wurde Popule mens von Palaestrina und das Domine Deus von G. E. Stehle zur Aufführung gebracht.

Die beiden Schlußpiecen Pf. 121 Laetatus sum von A. Willaert sowie das Te Deum von Witt lieferten allein den Beweis, welchen erhebenden Ein= druck die Kirchenmusik zu machen im Stande ist, deren Einführung diesseits des Oceans die Caecilia sich die löbliche Aufgabe macht.

2. Aug. 1877. Das Portiunkula=Fest zum ersten Male in der neuen Kirche. Es waren nach einander 8 hl. Messen. Das feierliche Hochamt cele= brirte der hochw. W. Bonenkamp mit dem hochw. L. Suchy als Diakon und P. Dominicus, O. M. Cap. als Subdiakon. Die Festpredigt hielt der hochw. Dr. M. F. Jörger, welcher sinnreich mit den Schätzen Californiens die geisti= gen Schätze in San Francisco zu Milwaukee verglich.

21. Sept. 1877. Der hochwst. Herr Erzbischof Henni ertheilt das Sa= krament der Priesterweihe den hochw. PP. Philippus Spies, Ignatius Ullrich und Lucas Rasch. Der hochwst. Erzbischof wurde dabei assistirt von den hochw. PP. Custos Franciscus Haas, Guardian Laurentius Vorwerk, Lector Antonius Rottensteiner und den übrigen Patres. Zudem waren anwesend die hochw. Rek= toren des Priester= und des Lehrerseminars, und die hochw. Herrn Rodowicz,

Smedding und Beerhorst. Die Kirche war mit Andächtigen gefüllt. Die Anrede des hochw. Oberhirten an die Neugeweihten war eine tiefergreifende.

23. Sept. Um 8 Uhr feierte P. Lucas seine Primiz. P. Guardian Laurentius assistirte ihm als Diakon, P. Dominicus als Subdiakon. Die Predigt hielt der jetzige Provincial P. Bonaventura, der von New York zu dieser Feier gekommen war.

Um 10 Uhr feierte der ebengenannte P. Dominicus seine erste hl. Messe unter Assistenz des P. Laurentius, Guardian, und des Neo-Presbyters P. Lucas. Die Festpredigt hielt mit seiner gewohnten Begeisterung für das katholische Priesterthum der hochw. P. Custos Franciscus Haas von Calvary, Wis.

An demselben Tage primizirte der hochw. P. Ignatius Ullrich, der jetzige beliebte Pfarrer der Gemeinde, in der Kapelle der Schulschwestern de Notre Dame. Als Diakon assistirte ihm der hochw. P. Antonius, als Subdiakon der hochw. P. Dominicus. Die Predigt hielt ihm der hochw. Spiritual des Notre Dame Klosters, P. M. Abbelen.

4. Okt. Das Patronsfest wurde mit großer Festlichkeit begangen. Bis 9 Uhr morgens fanden gegen zwölf hl. Messen statt. Um 8 Uhr sang der hochw. P. L. Suchy das Hochamt, für den III. Orden, der darin seine Generalcommunion hielt. Das feierliche Hochamt hielt der hochw. P. Custos Franciscus Haas, assistirt von den beiden Definitoren des Ordens P. Bonaventura und P. Antonius. Festprediger war der hochw. W. Bonenkamp, der begeistert und salbungsvoll die Heiligkeit und segensvolle Wirksamkeit des hl. Vaters Franciscus pries.

Die feierliche Vesper hielt der hochw. L. Batz, assistirt von den hochw. L. Conrad und H. J. Holzhauer. Darauf folgte nach einer kurzen Anrede die Spendung der hl. Firmung an 58 Personen durch den hochwst. Herrn Erzbischof, der sich leider zu Unwohl befunden hatte durch ein Pontifikalamt dem Feste größeren Glanz zu verleihen. Eine Anzahl fremder Priester war anwesend.

Durch Collekten und Almosen gingen ein in diesem Jahre $4,436.50. Durch Stuhlrente $1,660. Ausgaben für Bau und Einrichtung beliefen sich auf $23,937.80.

Wenn nun Jemand frägt: „Ja, wie geht das zu, die Ausgaben übersteigen immer um so vieles die Auslagen für den Bau, so ist ins Gedächtniß zurückzurufen, daß aufgenommene Kapitalien die dringenden Ausgaben decken mußten, während wiederum Sparsamkeit mit kleineren Einnahmen, wie Opfer, Erlös vom Kinderfest, Abendunterhaltungen u. s. w., später die monatlichen Collekten die Schulden allmählig herunterbringen mußten. Gegenwärtig hat die Gemeinde allerdings noch eine beträchtliche Schuld, doch ist jedes Jahr eine

Rev. Pius Wendl, O. M. Cap.

John B. Wendl.

bedeutende Verminderung derselben zu constatiren. Die Zukunft der Gemeinde ist vollauf gesichert.

11. Juni 1878. Am Pfingstdienstag empfingen sieben Kleriker des Ordens die hl. Priesterweihe. Es waren die hochw. PP. Bonifatius Göbbels, Nicolaus Metzinger, Pius Wendl, Andreas Hechenberger, Honoratus Schmitz, Aegidius Halsband und Laurentius Henn.

Am Dreifaltigkeitssonntag, den 16. Juni, brachte der hochw. P. Bonifatius sein erstes hl. Meßopfer dar, um 8 Uhr. Sein leiblicher Vater, der hochw. L. Göbbels von Covington, Ky., der nach dem Tode seiner Frau Priester geworden war, war Presbyter Assistens. P. Antonius hielt die Predigt.

Um 10 Uhr trat der hochw. P. Pius zum ersten Mal als Priester an den Altar. Sein Bruder, P. Didacus, hielt ihm die Predigt.

17. Juni. Um 8 Uhr war die Primiz des hochw. P. Andreas.

Um 10 Uhr des hochw. P. Aegidius, bei der der hochw. P. Bonenkamp die Predigt hielt.

Die übrigen der am Pfingstdienstag ordinirten Priester feierten anderwärts ihre Primiz.

An beiden Tagen war die Betheiligung der Gläubigen eine recht zahlreiche. Dies läßt sich erklären, wenn man bedenkt, welchen Werth das hl. Meßopfer, das der Priester darbringt für uns hat. In ihm haben wir das von Malachias verheißene reine unbefleckte Opfer, das allein noch dem himmlischen Vater wohlgefällig ist, die Erneuerung und Fortsetzung des Kreuzesopfers, und daher ein Schatz der unendlichen Verdienste Jesu Christi, aus dem wir jederzeit zur Bereicherung unserer Armuth nehmen können. Die hl. Messe ist ein vollkommenes Sühnopfer für alle Schuld der streitenden und leidenden Kirche, das stärkste Schutzmittel gegen die Sünde, die andächtige Anhörung derselben die der hlst. Dreifaltigkeit am meisten wohlgefällige Gebetsweise. Seit Jahren schon hat sich der junge Priester nach der heiligen Stunde gesehnt, da er zum ersten Male dieses erhabene Opfer darbringen darf. Kein Wunder, daß auch das gläubige Volk sich mit ihm freut, und voll Vertrauen um seinen priesterlichen Segen bittet, den seine jahrelange Vorbereitung und seine opferwillige Hingebung an seinen erhabenen Beruf in dieser beseligenden Stunde so wirksam macht. Wenige Gemeinden genießen so oft dieses Glück wie die St. Franciscus-Gemeinde.

7. Juli. Es war das Fest des hl. Laurentius von Brundusium und somit das Namensfest des P. Laurentius, Guardians und Pfarrers der Gemeinde. Obgleich der bescheidene Ordensmann allen ihm geltenden und bei solchen Gelegenheiten gewöhnlich dargebrachten Ovationen abhold ist, so mußte er doch eine wahre Sturmfluth davon über sich ergehen lassen. Drei Tage lang unterzog er sich mit der stillen Resignation eines Martyrers der bei der

herrschenden Hitze anstrengenden Aufgabe, die Wünsche, Gratulationen, die Sprüche, Deklamationen, musikalischen Produktionen, u. s. w. seiner geliebten und ihn liebenden Mitbrüder und Pfarrkinder in Empfang zu nehmen. Am Vorabende brachte ihm der Sängerchor ein Ständchen und überreichte ihm ein von den kunstfertigen Händen der beiden hoffnungsvollen Söhne des Herrn Altarbauers Brielmaier verfertigtes Notenpult. Die an demselben in einem Geschmack verrathendem Style angebrachten symbolischen Figuren, wurden vom Herrn Lehrer Lindenberger erklärt und deren Bedeutung in's rechte Licht gesetzt.

Die Mitglieder des Frauen= und Jungfrauen=Vereins empfingen ge= meinschaftlich die hl. Communion während der hl. Messe, nach welcher die Ueberreichung der mannigfaltigen Geschenke erfolgte.

8. Juli. Am Montag war der Tag heiß für alle Menschen, am heißesten aber für P. Laurentius. Vier oder vielleicht noch mehr Stunden mußte er es in der schwülen Halle, die von Hunderten von Kindern und Erwachsenen bis zum Uebermaß angefüllt war, aushalten, und die naiven Ergüsse kindlicher Herzen in Prosa und Versen entgegennehmen. Bei dieser Gelegenheit produ= cirte sich zum ersten Male eine erst fünf Monate vorher ins Leben gerufene Jugendkapelle unter der Leitung des Herrn Anton Reiter. Diese Jugendka= pelle, die ein volles Streich= und Blas=Quartett bildete, versprach, da sie nur klassische Stücke zur Aufführung brachte, eine lange und glänzende Zukunft.

Während diese und ähnliche Huldigungen dem P. Laurentius von seinen ihm mit ganzem Herzen ergebenen Pfarrkindern dargebracht wurden, zog sich, von Niemanden geahnt und unbemerkt ein Gewitter zusammen, welches sich in betrübender Weise über die Franciscus=Gemeinde entlud. Die bösen Defini= toren der Provinz beriethen sich nämlich in geheimen Sitzungen über die An= gelegenheiten des Ordens und die theilweise Versetzung der neugeweihten Prie= ster an andere Orte. Es schien fast als schwebe etwas Unheimliches in der Luft, denn der Ernst, das absolute Stillschweigen und die Zugeknöpftheit des Definitoriums während der Verhandlungen war geradezu peinigend. Der Abend des 8. Juli brachte endlich Licht in die Dunkelheit, Auflösung in die Räthsel. Abends 5 Uhr, während Alles im Chore versammelt war, wurde das Urtheil des Behmgerichtes von unbekannter Hand ans schwarze Brett an= geschlagen: P. Laurentius als Pfarrer nach New York versetzt. Man schaut sich verdutzt an und wundert sich. Ist es möglich? Der Pater muß eine Ge= meinde verlassen in dem Augenblick, wo sie ihm so viele Beweise des Vertrauens gegeben, eine Gemeinde, die unter seiner Leitung im geistigen Leben erstarkt ist, und an Zahl der Mitglieder sich mehr als verdreifacht hat! Er darf vielleicht für lange Zeit das herrliche Gotteshaus, dessen Bau ihm Sorge und schlaflose Nächte verursacht hat, und die Kanzel, von welcher er so zündende Funken in die Herzen seiner Zuhörer rief, nicht mehr betreten! Ist das nicht hart? Es war gut, daß P. Laurentius, ohne daß Jemand eine Ahnung von seinem Abgange hatte, an seinen neuen Bestimmungsort abreiste, und sich und anderen die Bitterkeit der Trennung theilweise ersparte. Wenn wir den rein menschlichen d. h. natürlichen Maßstab an die Verfügung der Ordensobern anlegen, muß sie uns in einem ungünstigen Lichte erscheinen. Allein wer da weiß, daß im Ordensleben Fleisch und Blut nicht mitreden dürfen, sondern stillschweigend sich dem Geiste unterwerfen müssen ; daß der Ordensmann keine Heimstätte hat, sondern dem Soldaten gleich, jeden Augenblick bereit sein muß, sein Bündelchen zu schnüren und dahin zu eilen, wo das Wohl des Ordens es fordert, wird den von dem Drange des Augenblicks diktirten Schritt des hochw. Definitoriums weniger ungünstig beurtheilen, und den P. Laurentius beglückwünschen, daß er gehorsam, wie Abraham, aus seinem Lande, aus seinem Kloster in Milwaukee zog, um anderswo ein Vertrauensamt zu übernehmen, dem er allein gewachsen war. Die St. Franciscus-Gemeinde sowohl, als andere Gemeinden, denen er als Missionär mit beredter Zunge die Heilswahrheiten ans Herz gelegt, und alle, die den ebenso bescheidenen als unermüdlich thätigen Ordensmann kannten, vermißten ihn höchst ungerne und fanden nur darin einigen Trost, daß der ihnen seit den ersten Anfängen der Gemeinde an bekannte und liebgewordene Definitor P. Antonius Rottensteiner den verlassenen Posten einnahm.

4. Der hochw. P. Antonius Rottensteiner, O. M. Cap.

Seit der Einrichtung des Klerikats war P. Antonius ununterbrochen Lektor gewesen und hatte sich so bereits die größten Verdienste um die Gemeinde gesammelt als Lehrer ihrer Priester, aber auch zur Zeit des Baues war er rathend dem P. Laurentius zur Seite gestanden und hatte sich nicht gescheut, mit ihm die Leitern unermüdlich auf und abzusteigen und überall nachzusehen, damit Alles vollkommen würde.

4. Oft. 1878. In üblicher Weise wurde das Patrocinium gefeiert. Das Hochamt celebrirte der hochw. Spiritual P. M. Abbelen, dem der hochw. Fr. Pius Wendl, O. M. Cap. als Diakon, und der hochw. Fr. Alphons Baeumle, O. M. Cap., als Subdiakon assistirten. Festredner war der hochw. G. Strickner, von der St. Heinrichskirche in Watertown, der populär die Gesinnungen, Handlungen und Empfindungen des hl. Franciscus als dem gekreuzigten Heiland gleichförmig schilderte, und als Vorbild für alle Christen, die ihr Heil wirken wollen, hinstellte. Die verschiedenen Pfarrer der Stadt waren erschienen, ebenso der hochw. P. Custos Franciscus Haas, O. M. Cap., und J. B. Baasen von Pensacola, Fla.

Mit der Vollendung der Kirche war die Bauthätigkeit in der Gemeinde noch nicht zur Ruhe gekommen. Die alte Kirche war nicht niedergerissen, sondern neben die Schule geschoben worden. Jetzt, da kein Gottesdienst mehr in derselben gehalten zu werden brauchte, wurde sie umgewandelt in eine Schule und sammt der früheren Schule benutzt. Auf mehrere Jahre schien durch dieses Mittel genügender Raum geschaffen für geräumige Schulzimmer und zugleich für eine größere Halle, die über den Schulzimmern eingerichtet werden konnte.

Die Kosten des Umbaues betrugen $1284.00.

Mit der Vergrößerung des Lokals war auch eine Vermehrung des Lehrpersonals nothwendig geworden, was seinerseits wieder eine Erweiterung und bessere Einrichtung des Schwesternhauses bedingte. Auch dieses wurde im Laufe des Jahres 1878 erreicht durch eine Auslage von $983.99.

Die guten Schwestern, die Gesundheit und Leben für die Kinder der Gemeinde opfern und Geist und Herz der Kinder durch wissenschaftliche und religiöse Belehrung veredeln, haben dieses Opfer der Gemeinde wohl verdient, und gerne wurde es für dieselben gebracht.

Der 6. Februar 1879 war ein Jubeltag für ganz Milwaukee. Katholik und Nichtkatholik war bestrebt, dem um Wisconsin und um Milwaukee im

Very Rev. Antonius Rottensteiner, O. M. Cap.

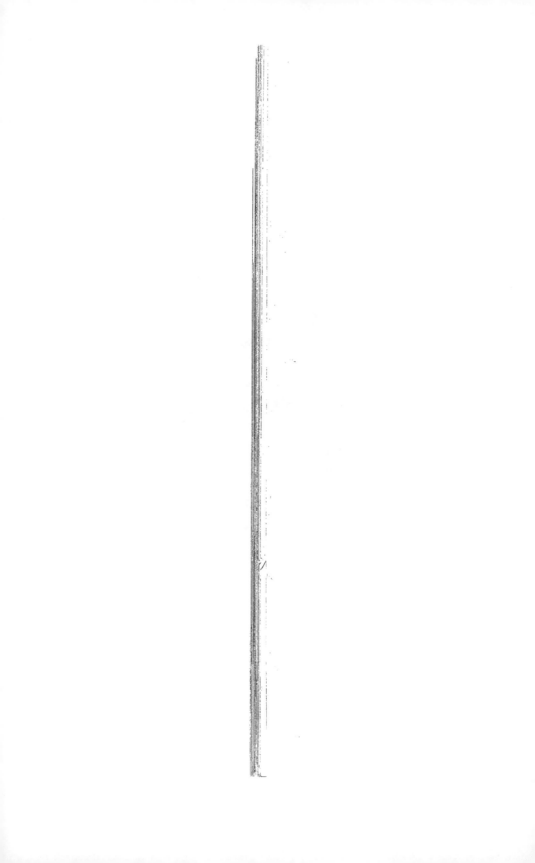

Befonderen wohlverdienten ehrwürdigen Erzbiſchof, der an dieſem Tage ſein goldenes Prieſterjubiläum feierte, ſeine Huldigung darzubringen.

Der hochwürdigſte Jubilar war am 2. Februar zum Prieſter geweiht worden, um aber den Prieſtern die Theilnahme zu ermöglichen, war die Jubel= feier auf den 6. Februar verlegt worden.

Den 2. Februar feierte der hochwürdigſte Erzbiſchof im Kloſter der Schulſchweſtern von Notre Dame, während der vor 50 Jahren mit ihm in Cincinnati zum Prieſter geweihte Herr Generalvikar M. Kundig zu gleicher Zeit in der Kathedrale ſein Jubelfeſt feierte.

Die folgenden Tage, 2.—6. Februar floſſen unter beſtändigen Vor= bereitungen, vorbereitenden Verſammlungen und Anordnungen für das hohe Feſt dahin, und alles wurde in's Auge gefaßt, um das feſtgeſetzte Programm mit möglichſter Präciſion zur Ausführung zu bringen.

Endlich kam der Morgen des 6. Februar heran und mit ihm die Feſtgäſte von nah und fern, Erzbiſchof J. B. Purcell, der vor 35 Jahren den Jubilanten zum Biſchofe conſekrirt hatte, 8 Biſchöfe, 1 Abt und 150 Prieſter.

Schon um 6 Uhr Morgens wurde der feſtliche Tag angekündigt durch das feierliche Geläute der Kirchenglocken aller katholiſchen Kirchen der Stadt. Auch Mittags und Abends wiederholten ſich die feſtlichen Klänge von den Thürmen der Stadt, ſo daß jeder Einwohner Milwaukee's es erfahren mußte, daß heute die Katholiken einen außergewöhnlichen Feſttag begehen. Der Donner der Kanonen trug die frohe Kunde in die Ferne.

Um 10 Uhr begann die eigentliche Feier mit dem feierlichen Zuge ſämmtlicher Prieſter und Prälaten, die dem Jubilare zur feſtlich geſchmückten Kathedrale vorausſchritten. Bald darauf begann das feierliche Pontifikalamt, die feierliche Secundiz. Dem hochwürdigſten Jubilare aſſiſtirten die hoch= würdigen Herrn M. Kundig, St. Lalumiere S. J., L. Batz und L. Conrad.

Nach dem Evangelium beſtieg Erzbiſchof Purcell die Kanzel und hielt mit tiefem Gefühl und mit rührender Anerkennung der Verdienſte Erzbiſchof Henni's die Feſtrede. Er begann, vom Evangelium ausgehend, mit dem Plane Gottes, die Menſchheit zu erlöſen, durch Chriſti Sendung an die Welt; er ging dann über auf die Sendung der Apoſtel, beſonders die Sendung des Felſenmannes Petrus, den er zum Grundſtein ſeiner Kirche machte, die keine Stürme und kein Angriff der Hölle beſiegen werde. Denn noch lebe ſie fort in den Nachfolgern der Apoſtel, den Biſchöfen der katholiſchen Kirche. Von dieſem Gedanken auf den eigentlichen Gegenſtand der Feſtrede übergehend, erzählte er in einfacher und gemüthlicher Weiſe mehrere Thatſachen aus alter Zeit über das prieſterliche Wirken ſeines ehemaligen Diöceſen=Prieſters „Vater Henni" in dem damals noch ſo rauhen und kaum civiliſirten Ohio, die Grün= dung des „Wahrheitsfreunds", die Gründung des Waiſenhauſes und die

49

Erbauung von Kirchen, und endlich des Jubilars segenreiches Wirken in unserem Wisconsin.

Nach dem feierlichen Hochamt setzte sich der Zug wieder in Bewegung, voran zogen die Theologen des Priesterseminars, denen die Priester und Prälaten folgten, die dem Jubilar in die bischöfliche Wohnung vorauszogen.

Nach dem Festgottesdienst in der festlich geschmückten Kathedrale begaben sich die Erzbischöfe, Bischöfe und die Priester nach dem St. Mary's Institut der Schulschwestern, wo das Festessen gegeben wurde. Am Schlusse desselben toastirte der hochw. Bischof Graie von St. Paul, das damals noch zur Kirchen= provinz von Milwaukee gehörte, als Senior=Bischof auf den hochw'sten Jubilar, worauf hochderselbe tief gerührt antwortete. Darauf brachte der hochw'ste Herr Generalvikar M. Kundig in einigen Worten die Glückwünsche des englisch sprechenden Klerus zum Ausdruck. Nun traten der hochw. Herr L. Conrad und Prof. Jos. Rainer vor, jener trug das Festgeschenk, den Ertrag der zumeist von dem deutschen Klerus und ihren Gemeinden veranstalteten Collekten, und zwar, als Anspielung auf das goldene Jubiläum, in Gold in höchst geschmack= voller Arrangiruug. Prof. Rainer brachte die Glückwünsche des deutschen Klerus in einem lateinischen Festgedicht zum Ausdruck.

Nachmittags um ¼4 Uhr begann die von den Zöglingen des St. Mary's Instituts arrangirte Festvorstellung, bei welcher ein sehr reichhaltiges und abwechselungsvolles Programm zur Ausführung gelangte. Den Schluß bilde= ten die Gratulationen der Schulkinder der verschiedenen Schulen Wisconsins, an denen Schulschwestern de Notre Dame wirken, von Schulkindern abwechselnd vorgetragen. Jeder Schule war ein eigener Vers zugetheilt, in welchen die Zahl der Kinder der verschiedenen Schulen sinnig eingeflochten war.

Am Abend fand noch eine außerkirchliche Feier statt, bestehend in einem großartigen Fackelzug, der dem vom Jahre 1875, bei Gelegenheit der Ueber= reichung des Palliums, würdig zur Seite stand. Es war ein imposantes Schauspiel. Man hätte meinen sollen, die ganze Stadt sei in Bewegung, um einen ihrer ältesten und verdienstvollsten Mitbürger zu ehren. Als der an 5,000 Personen zählende Fackelzug—mit ungefähr 40 Vereinen—die erzbischöf= liche Residenz erreicht hatte, und nachdem die letzten Töne des Beethoven'schen Liedes, „Die Himmel rühmen", verklungen waren, trat der hochwürdigste Herr Erzbischof in die Thür und wurde von dem Ex=Mayor Jos. Phillips—noch jetzt ein eifriges Mitglied unserer Gemeinde—begrüßt, der ihn mit folgenden Worten anredete:

Hochwürdigster Herr Jubilar!

Eine große Ehre ist es für mich, bei dieser so erhabenen Gelegenheit im Namen der katholischen Gemeinden und Vereine von Milwaukee die ehrfurchts= vollsten Gratulationen darbringen zu dürfen zu Ihrem goldenen Priester=Jubi=

Most Rev. John Martin Henni, D. D.

läum. Daß die katholische Bevölkerung dieser Stadt Ihre erhabene Stellung kennt und sie zu würdigen weiß, das bekundet diese große und enthusiastische Demonstration. Die ganze katholische Bevölkerung Milwaukees, ja, des ganzen Staates Wisconsins nimmt den innigsten Antheil an Ihrem Ehrentage und feierte ihn auf eine Gott wohlgefällige Weise und das thaten die Katholiken dieses Staates aus Dankbarkeit und Pflichtgefühl. Durch Ihre Bemühungen, durch Ihre liebevolle Aufopferung ist die Erzdiözese Milwaukee das geworden, was sie ist, nämlich ein schöner, grüner, blühender Ast am Baume der katholischen Kirche. Es sind beinahe 35 Jahre seitdem Sie, hochwürdigster Herr Jubilar, an den Gestaden des Michigan-Sees den Boden Wisconsins, zu jener Zeit noch Territorium, betraten, wo jetzt unsere schöne und volksreiche Stadt Milwaukee steht. Zu jener Zeit gab es nur eine schwache katholische Bevölkerung, und wenige und kleine waren der katholischen Kirchen und Schulen, und kein katho= lisches Institut war anzutreffen.

Unter Ihrer oberhirtlichen Leitung hat die Gnade Gottes Wunder gethan in dieser Erzdiözese und speziell in dieser Stadt. Zahlreich ist die katholische Bevölkerung, zahlreich sind die katholischen Kirchen und Schulen, zahlreich ist unser Klerus, zahlreich sind unsere Institute, die in keiner Beziehung Anstalten anderer Art nachstehen, ja diesen weit voran sind. Am Tage Ihrer ersten An= kunft in dieser Stadt standen an diesem Platze hier noch Eichen und heute stehen an deren Stelle katholische Männer, deren Liebe und Treue zu Ihnen unbeug= sam ist und aus deren recht deutschen Herzen die Worte kommen:

„Dank Dir, himmlischer Vater, daß Du uns einen solchen Oberhirten gegeben hast!"

Hochwürdigster Herr Jubilar! Wir danken Ihnen für Ihre Liebe, Güte und Nachsicht! Möge der Allmächtige Sie noch viele Jahre erleben lassen, damit Sie Ihre Verdienste mehren können und wir einen guten, lieben und väterlichen Führer zum Himmel haben!"

Der hochw. P. Carl Brandstetter, O. M. Cap., von der St. Franciscus= Kirche verfaßte dem Jubilar zu Ehren das folgende Gedicht:

Zur fröhlichen Festfeier des **Goldenen Priesterjubiläums** des Hochwürdigsten Herrn Erzbischofs

Johann Martin Henni.

Du schaust zurück auf eine Lebensbahn,
  Nach Raum und Zeit Dir lange zugemessen:
Vom Gletscherkranz im Bündtnerlande an
  Erstreckend sich in's Land der Nadovessen.

51

Dir schwebte vor als einzig Lebensziel
    Das herrlichste von allen Idealen;
Die Welt verachtend und ihr eitel Spiel,
    Früh folgtest Du des höhern Lichtes Strahlen.

Was einzig noth, ward früher Dir so klar,
    Daß nicht nur selbst Du wolltest es erringen;
Es zog Dich süß und mächtig zum Altar,
    Um Andern auch der Gnade Ruf zu bringen:

Wenn Gott erwählt hat und hinausgesandt
    Als Menschenfischer (so wollt' Er sie nennen),
Dem sind zwei ernste Fragen nur bekannt,
    Und überall sieht er die Fragen „brennen".

Gerichtet ist des Priesters hoher Sinn
    Auf Gottes Ehre nur und Seelenrettung;
Was dazu dient, das er für Gewinn,
    Sonst Alles für unselige Verkettung.

Die Stola dort im heil'gen Tribunal,
    Und Brod und Wein in consecrirten Händen.
Vermag allein zu scheuchen ew'ge Qual,
    Und Heilsbegierigen das Heil zu spenden.

Auf daß der Stola Segen nie gebricht,
    Das Opfer nicht an heiligen Altären.
Dazu der Mitte würdevoll Gewicht,
    Des Palliums Zier, den Gottesmann bewähren,

So spendedest Du Segen weit und breit;
    Du hast Dich ganz nur Gott und Menschenseelen
Mit treuer Sorgfalt lebenslang geweiht,
    Es half Dir, Der Dich rief, dies Loos zu wählen.

Ein Wahrheitsfreund, nicht nur an einem Ort,
    Nein, überall und allezeit Du warest,
Ein treuer Waisenvater immerfort
    So gern Du noch die Kindlein um Dich schaarest.

Nicht ist's des Landmanns Schuld, wenn seine Saat
    Geräth nicht immer, die er mühsam streute
Auf weitem Feld, geschäftig früh und spät,
    Er, der an seiner Arbeit nur sich freute.

Joseph Phillips.

Des Hauſes großer Vater aber weiß
    Gar wohl des guten Willens Mühewaltung ;
Er lohnt hinnieden auch ſchon treuen Fleiß
    Um ſeines Reiches herrliche Entfaltung.

Dein weites Saatfeld wächst mit jedem Jahr
    Und wie viel Schnitter ſchneiden d'rin die Garben
Es wächst auch immer ihre fleißige Schaar,
    Damit der Lohn, den ſie auch Dir erwarben,

So ward Dir reicher Segen dann verliehen,
    Der reichſte, Segen ſelbſt ſo viel zu ſpenden ;
Wohin Du blickſt, wie Manches iſt gedie'hn,
    Das Du begannſt mit hochgelbten Händen !

Dort jene Kuppel ragt zum Himmel kühn,
    Wohin der heil'gen Weisheit Jünger wallen ;
Und kommenden Geſchlechtern froh erblühn
    Erzieher hoffnungsvoll in heil'gen Hallen,

Es hat der Herr geholfen wunderſam ;
    Sie loben mit Dir, für Dich, Seine Güte ;
Wir fleh'n daß Er vor Herzeleid und Gram
    Dein theueres Haupt auch fernerhin behüte.

Und er, Dein Pyladus ſo fromm und traut,
    Den Du an Petri Grab zum Freund gewonnen,
In Gottes eifervollem Dienſt ergraut —
    Noch lange üb' er, was er längſt begonnen !

So wie bisher, auch fürder Hand in Hand
    Zum Segen Hunderttauſenden auf Erden,
Zuſammen wandelt einſt ins Vaterland ;
    Um miteinander reich belohnt zu werden.

Am Oſtermontag, den 14. April, war die Primiz des am Paſſionsſonntag im Saleſianum zum Prieſter geweihten hochw. P. Alphons Bäumle, O. M. Cap., ein Kind der St. Joſeph's-Gemeinde, weshalb eine große Anzahl von Gläubigen aus jener Gemeinde anweſend waren, und der hochw. H. J. Holzhauer, Pfarrer jener Gemeinde, mit gefühlvollem Herzen die Feſtpredigt hielt. Die Feier der erſten hl. Meſſe war ſo lange hinausgeſchoben worden, um es dem hochw. Vater Holzhauer zu ermöglichen, an der Feier Theil zu nehmen.

Vom 30. Juni bis zum 2. Juli 1879 tagte die jährliche Mitglieder-Versammlung des Amerikanischen Cäcilien-Vereins in Milwaukee. Der Chor der St. Franciscus-Kirche hat jedenfalls das Verdienst in der Stadt Milwaukee, den Cäcilianischen Gesang am meisten gepflegt und seine Schönheit und Erhabenheit am meisten zur Geltung gebracht zu haben. Wegen der größeren Anzahl der Priester und der Kleriker in den höheren Weihen, kann der Gottesdienst in so feierlicher Weise begangen werden, wie er auch in der Kathedrale nur bei außerordentlichen Veranlassungen pomphafter sein kann. Wenn wir noch beachten, daß wegen der häufigen Ertheilung der hl. Weihen, der Spendung der Firmung und den Pontifikalämtern bei verschiedenen Ablässen der Herr Erzbischof in unserer Mitte ist, dürfen wir vielleicht auch noch die gemachte Beschränkung fallen lassen. Bei allen diesen Anlässen vermag der Chor die Feier zu heben durch den gefühl- und verständnißvollen, unverstümmelten Vortrag der betreffenden Wechselgesänge, und fromm und ruhig, feierlich und erhebend die Seele zu erfassen und während der hehren Opferhandlung in heiliger Andacht gefesselt zu halten. Wir wissen, daß Manche den Cäcilien-gesang günstiger beurtheilen, seitdem sie ihn in der St. Franciscus-Kirche gehört haben.

Wir entnehmen dem in der „Cäcilia" erschienenen Originalbericht, was für ehemalige und gegenwärtige Mitglieder des Cäcilien-Vereins von besonderem Interesse sein dürfte.

„In Milwaukee waren es vor allem die hochw. Capuciner-Patres, welchen die Vorbereitungen zur Abhaltung des Vereinsfestes vor allem am Herzen lagen.

Der hochw. P. Antonius, Guardian des Klosters, war unermüdlich thätig, Tag und Nacht, in Besorgung freier Logis für die kommenden Gäste, so daß nicht nur alle Sänger, Sängerinnen und die angemeldeten Festbesucher freie Quartiere hatten, sondern auch für solche Besucher, die sich nicht angemeldet hatten, noch mehr Quartiere übrig blieben als man brauchte. In richtiger Erfassung der Bedeutung der kirchenmusikalischen Reform haben sich die hochw. Väter gewiß viele Verdienste vor Gott erworben und schuldet ihnen der Verein für ihre uneigennützige Aufopferung großen Dank.

Die Anmeldungen der Festbesucher waren überaus zahlreich, zahlreicher als je bei früheren Festen. Insbesondere war die hochwürdige Geistlichkeit sehr zahlreich vertreten, denn es waren an h u n d e r t u n d f ü n f z i g P r i e-s t e r aus circa 20 verschiedenen Diözesen gegenwärtig.

D r e i Bischöfe beehrten die Versammlung mit ihrer hohen Gegenwart: der hochwst. Erzbischof Henni von Milwaukee, der hochwst. Bischof Krautbauer von Green Bay und der hochwst. Bischof Seidenbusch von St. Cloud. Auch der hochwst. Abt Martin Marty von St. Meinrad, Ind., kam eigens zur Ver-

Altars of the Bl. Virgin Mary and St. Elizabeth.

Der Mutter Gottes Altar und Altar der heil. Elisabeth.

sammlung, sein großes Interesse für die kirchenmusikalische Reform zu bekunden, und sich an den Erfolgen des Vereines zu erfreuen, die derselbe besonders seit dem Feste in Dayton errang, allwo Hochderselbe ebenfalls seinen thätigsten Antheil genommen hatte.

Die wackeren Chöre von Detroit und Kenosha kamen schon am Sonntag den 29. Juni an, und hielten am selben Abende schon mit dem Chore der Capuciner-Kirche Probe.

Montags, den 30. Juni hielten die gemischten Chöre ihre Gesammt- und Einzelproben, erstere unter Direktion des Herrn Präsidenten, letztere unter der Direktion der respektiven Chordirigenten, um 10 Uhr in der Kathedrale ab. Um 1 Uhr kamen die Chöre der beiden Seminare von St. Francis an, und hielten ebenfalls Probe. Nachmittags um 3 Uhr war wieder Probe für sämmtliche betheiligte Chöre in der Kirche der Capuciner-Väter.

Abends 8 Uhr fand das erste Concert in der Kathedrale statt, mit folgendem Programm:

1. Laetentur coeli, Offertorium in der 1. Weinachtsmesse (5 st.), von Rev. Dr. Witt. Chor von Detroit und Kenosha.

2. Ave Maria, von G. Arcardelt. Chor der Kathedrale von Milwaukee.

3. Responsum accepit Simeon (6 st.) von G. P. Palästrina. Chor der St. Josephs-Kirche von Detroit.

4. Salvos fac nos, Graduale für das Fest des allerhlst. Namens Jesu, von Rev. Dr. Witt. Chor der Kathedrale von Chicago.

5. Adeste fideles, Weihnachtsmotett von Rev. Fr. Könen. Chor der St. Georgius-Kirche von Kenosha. Dirigent M. Nemmers.

6. In monte Oliveti, Resp. I. feria V. in Coena Domini von G. Croce. Chor der St. Franciscus-Kirche von Milwaukee. Dirigent St. Lindenberger.

7. Regina coeli, Marianische Antiphon von Ostern bis Dreifaltigkeits-Sonntag, achtstimmiger Männerchor, von P. Piel. Männerstimmen von Detroit, und vom Priester- und Lehrerseminar in St. Francis. Alle Männer- und Gesammtchöre wurden dirigirt von Prof. J. Singenberger.

8. Salve Regina, Marianische Antiphon von Dreifaltigkeitssonntag bis Advent (5 st.), von G. P. Palästina. Chor der Kathedrale von Milwaukee.

9. Adoramus te, von Fr. Roselli, Kathedralchor von Chicago.

10. Ps. Miserere, (VI. ton.) Falsobordoni, von Rev. Dr. Witt. Männerchor der St. Joseph's-Kirche von Detroit.

11. Ascendit Deus, Offert. in Ascensione Domini, von Rev. Fr. Schaller. Chor der St. Franciscus-Kirche von Milwaukee.

55

12. O vos omnes, Grad. in festo SS. Cordis Jesu (4–5 ſt.)
Reo. Dr. Witt. Chor von Kenoſha.

13. Resp. Coenantibus illis, zum allerhlſt. Altarsſakrament (6
von Rev. Haller, Chor von Detroit.

14. Sequenz, Lauda Sion, aus der Meſſe am hl. Frohnleichnamsſ
gregorianiſcher Choral. Chöre des Prieſter= und Lehrerſeminars in
Francis.

15. Gloria et honore, Offert. de communi Martyrum (8 ſt.),
Reo. Dr. Witt. Chor von Detroit, Chicago, Kenoſha und St. Francis
Chor von Milwaukee.

Zum hl. Segen:

Panis angelicus, von G. E. Stehle; Tantum ergo, von J. Sin
berger. Chor von Detroit.

Ps. Laudate Dominum, (VI. ton.); gregorianiſcher Choral; ſäm
liche Sänger.

Am Dienſtag den 1. Juli war in der St. Franciscus=Kirche um 8
das Requiem für die verſtorbenen Vereins=Mitglieder. Der Chor des Prie
und Lehrerſeminars lieferte den Geſang.

Um 10 Uhr ſang der hochwſt. Biſchof Krautbauer in der St. Francis
Kirche ein Pontifikalamt. Ihm aſſiſtirten der jetzige Rektor des Prieſterſ
nars der hochw. Joſ. Rainer als Diakon und der hochw. J. Friedl, als S
diakon.

Das Ecce Sacerdos, von P. Thielen, ſang der Chor des Prieſter=
Lehrerſeminars.

Introitus, Graduale, Offertorium, Communio de Festo S. Jo
Bapt.; gregorianiſcher Choral. Geſungen von den Männerchören der be
Seminarien.

Missa in hon. S. Raphaelis Archang. (5 ſt.) von Reo. Dr. 2
Chor der St. Franciscus=Kirche von Milwaukee und der St. Georgius=K
von Kenoſha.

Veni Creator, gregorianiſcher Choral. Die beiden Seminarchöre.

Feſtpredigt des hochwürdigen Herrn P. M. Abbelen.

Um 3 Uhr Nachmittags war feierliche Vesper in der St. Francis
Kirche.

Antiphonen, Pſalmen und Hymnus im gregorianiſchen Choral.

Magnificat (VIII. ton.) Falsobordoni, von Fr. Neckes. Die C
der Seminarien und der Chor von Detroit.

Salve Regina, von Reo. Dr. Witt. Männerchor der St. Joſe
Kirche von Detroit.

Very Rev. P. M. Abbelen.

Um 4 Uhr Nachmittags war Versammlung nur für die Vereinsmitglieder in der Schulhalle der St. Franciscus-Gemeinde.

Um 8 Uhr Abends war das Concert in der St. Franciscus-Kirche nach folgendem Programm:

1. Hodie Christus natus est, Weihnachtsmotett (8 st.), G. P. Palästrina. Chor von Detroit, Chicago und St. Franciscus-Chor von Milwaukee.

2. Justus ut palma, Offert. in Festo Doctoris, von Rev. M. Haller. Chor der Franciscus-Kirche.

3. Alma Redemptoris, Marianische Antiphon vom 1. Advent-Sonntag bis Maria Reinigung, von G. P. Palästrina. Kathedralchor von Chicago.

4. Peccata mea, (5 st.) von O. Lassus. Chor von Detroit.

5. Tui sunt cœli, Offert. aus der III. Weihnachtsmesse, von Rev. M. Hermesdorff. Chor von Kenosha.

6. Ave Regina. Marianische Antiphon von Maria Reinigung bis Gründonnerstag (6 st.), von P. Piel. Chor des Priester- und Lehrerseminars.

7. Confirma hoc, Offert. für Pfingsten, von C. Greith. Chor von Detroit.

8. Justorum animæ, Offert. für Allerheiligen, von Rev. Dr. Witt. Chor der St. Franciscus-Kirche.

9. Ps. De profundis, von Rev. Dr. Proske. Männerchor von Detroit.

10. O Sacrum Convivium, Antiphon zum Magnificat der Frohnleichnamsvesper, von Fr. Neckes. Chor von Kenosha.

11. Ave Maria, von Dr. Fr. Liszt. Kathedralchor von Chicago.

12. Antiphon Hæc est dies, Graduale für Ostern (8 st.), von J. Gallus. Die vereinigten Männerchöre von Detroit, vom Priester- und Lehrerseminar.

13. Diffusa est, Offert. pro Festis virg. et non virg. (8 st.), von Rev. M. Haller. Chor von Detroit, Kenosha und von der St. Franciscus-Kirche in Milwaukee.

Zum hl. Segen:

Antiphon O Sacrum Convivium, für Männerchor, von L. Viadana. Tantum ergo, für Männerchor, von Rev. Dr. Witt. Männerchor von Detroit und den beiden Seminarien.

Am 2. Juli morgens um 7 Uhr war wiederum Hochamt in der St. Franciscus-Kirche.

Alles in gregorianischem Choral, gesungen von den Männerchören von Detroit und den beiden Seminarien.

Um 9 Uhr war Pontifikalamt in der Kathedrale.

½2 Uhr Nachmittags wurde ein Ausflug gemacht nach St. Francis Station per Extrazug, gleich bei der Ankunft Besuch der Waldkapelle, Begrüßungsrede des hochw. J. Rainer, nachher gesellige Unterhaltung in den Anlagen neben dem Priesterseminar.

„Mit dem In Monte Oliveti," sagte der Berichterstatter der in St. Louis erscheinenden „Amerika", „hat sich der Chor der St. Franciscus Kirche von Milwaukee Ruhm erworben. Diese sehr schöne und feine Composition wurde mit gutem Verständniß vorgetragen. Die Stimmen sind edel, auch in Bezug auf Schulung auf gutem Wege, jedoch merkt man sofort, daß ihnen der dem Detroiter Chore eigene feine Schliff fehlt. Aber auch das wird kommen, wenn man auf der betretenen Bahn muthig voran geht."

Derselbe Berichterstatter sagt von einer anderen dem Chore der St. Franciscus-Kirche für den Einzelvortrag zugedachten vier Nummern : „Der St. Franciscus-Chor zeigte in seiner zweiten Nummer Justorum animae von Witt eine fortwährend kleine Neigung zur Detonation. Ich lege das dem Chore nicht zur Last; ging es doch mehr oder weniger der bedrückten Luft wegen fast allen Chören diesen Abend so. Unter normalen Verhältnissen—das konnte man gut genug hören—mußte dies Justorum ausgezeichnet gehen, und ich nehme deshalb keinen Anstand, dieser Nummer mit dem folgenden De Profundis von Proske für diesen Abend die Palme zuzusprechen."

Auch die beiden anderen Nummern ernteten reichliches Lob. So hat der 35 Stimmen starke Chor der Gemeinde unter der geschickten Direktion ihres noch jungen Dirigenten St. Lindenberger die Gemeinde zu Ehren gebracht vor den zahlreichen Repräsentanten der Cäcilien-Vereine in allen Theilen des Landes.

––––––––––

Schon seit den ersten Jahren der Anwesenheit der Capuciner-Väter in seiner Diözese war es der Lieblingsgedanke des Bischofes Joh. Martin Henni gewesen, seinen Friedhof, Calvary Cemetery, zu einem Campo Santo zu machen, die Capuciner mit einem Hospitium und Kirchlein zur Seite als seine Wärter. Nachdem er sich jahrelang mit der Verschiebung auf gelegenere Zeit geduldet hätte, trat er den Capucinern im Frühjahr 1879 drei Acker Land ab — später wurde ein Acker dazu gekauft — mit der Bedingung, in möglichst kurzer Zeit den Bau zu beginnen. P. Antonius, Guardian vom Convente in Milwaukee, dem das neue Hospiz für die ersten Jahre unterstellt sein sollte, übernahm die Aufsicht über den Bau und unterzog sich den damit verbundenen Mühen, und übergab die Arbeit den Contraktoren J. Fellenz und Dunn Bros. um die Contraktsumme von $10,759.00.

Die St. Franciscus=Gemeinde mußte auch hier ein wenig mithelfen. Eine zum Besten der Heilig=Kreuz=Gemeinde abgehaltene Kollekte brachte $1927.51 ein. Gleichzeitig wurden die umliegenden Katholiken zu einer Gemeinde vereinigt, die Anfangs aus etwa 30 Familien, der Mehrzahl nach Irländer und Polen, bestand, mit einer bescheidener Zugabe von Soldaten aus der naheliegenden Soldatenheimath.

4. Okt. 1879. Am Patronsfeste der Gemeinde hielt der hochwst. Herr Generalvikar L. Batz ein feierliches Hochamt. Prof. Jos. Friedl hielt die Festpredigt. Die feierliche Vesper hielt Prof. A. Zeininger, der jetzige Generalvikar der Erzdiözese.

26. Okt. Unter diesem Datum wurde beim Friedhofe der Grundstein gelegt zum neuen Hospiz durch den hochw. Herrn Generalvikar. Die Feierlichkeit verlief in der schönsten erbaulichsten Ordnung. Es hatte sich eine Menschenmenge dazu eingefunden, die sich wohl auf 5,000 Köpfen belaufen mochte. Der Akt der Weihe selbst, bestehend in Gebeten, Psalmen, Litanei und Besprengung des Grundsteines und der Grundmauern mit Weihwasser, wurde vom hochw. Herrn Generalvikar mit der ihm eigenen Würde und Salbung vorgenommen. Die Psalmen wurden abwechselnd von drei Männerstimmen im Choraltone und von dem St. Franciscus=Kirchenchor im Falsobordoni zur allgemeinen Bewunderung gesungen. Nach Beendigung dieser Ceremonie folgten die beiden Anreden des neuerwählten und des abgehenden Custos der Capuciner=Provinz vom hl. Joseph. Der hochw. P. Bonaventura in englischer Sprache redend hob hervor, wie nun endlich der 23 Jahre gehegte Wunsch und Plan des hochwst. Herrn Erzbischofes so schön und vielversprechend seiner Verwirklichung entgegengehe, und zwar in einer Weise, daß nicht nur den Verstorbenen, welche auf dem Calvarien=Kirchhof gebettet der Auferstehung entgegenschlummern, aus dem eben begonnenen Werke der größte Trost zuströmen werde, sondern daß auch um den „Friedhof" oder „Gottesacker" herum sich eine kleine Gemeinde zusammenschaaren soll, um aller Segnungen der hl. Religion in katholischer Fülle theilhaftig zu werden.

Der hochw. P. Franciscus sprach auch von einer doppelten Wacht, der Todtenwacht für die Armen Seelen und der Hirtenwacht für die Lebenden, als der doppelten herrlichen Aufgabe, welcher die zu erbauende Kirche dienen sollte, in althergebrachter katholischer Uebung und Ordnung und in endlicher Erfüllung des oberhirtlichen Wunsches. Einen gewaltigen Eindruck schienen die zum Schlusse der ein und ein Viertel Stunden dauernden Feierlichkeit die von dem hochwst. Herrn Generalvikar so kräftig angestimmten drei Vater Unser in allen anwesenden Katholiken hervorgerufen zu haben. Alles antwortete darauf: es war eine katholische Abendfeier, dies laute Wiederhallen solcher Gebete aus 1,000 Kehlen über so viele Gräber der im Herrn Entschlafenen.

Nicht genug zu rühmen war die musterhafte, bei solchen Gelegenheiten ganz ungewöhnliche Ordnung, sowohl bei der hl. Handlung selbst, als unter der großen Menge der Anwesenden. Der hochw. H. J. Holzhauer, St. Lalumiere, S. J., und andere waren zugegen.

Die großen Hoffnungen, welche diese Feier für Lebende und Verstorbene aufsteigen ließ, haben sich seit jenen Tagen in erfreulicher Weise erfüllt.

Die kleine Gemeinde ist gewachsen, hat ihre Kirche nett eingerichtet und für eine gute Schule gesorgt. Mancher, der sich der Kirche entfremdet hatte, ist wieder zur Mutter zurückgekehrt. Die Patres haben Gelegenheit, unsäglich viel Gutes zu thun, nicht nur für die Soldaten, die Veteranen, die gerne das Kirchlein besuchen, sondern mehr noch für die armen Insassen der County-Anstalten, Armenhaus, Hospital und Irrenanstalt, im nahen Wauwatosa.

Den Verstorbenen fällt nicht weniger Segen zu. Der Kirchhof wird viel häufiger besucht und die Andacht für die Armen Seelen weit mehr gepflegt. Dazu trägt auch viel bei die alljährlich im Kirchhofe abgehaltene Frohnleichnamsprozession, zu welcher große Schaaren von Katholiken aus der Stadt her beiströmen.

Am 23. Feb. 1880 las P. Kilian Haas, O. M. Cap., der erste Superior des Heilig-Kreuz-Hospizes zum ersten Male in der neuen Hauskapelle die hl. Messe, wozu eine große Zahl der nahe wohnenden Gläubigen sich einfand.

Aber schon am 20. April, 10 Uhr, konnte das neue Kirchlein eingeweiht werden. Dies geschah durch den hochwst. Herrn Generalvikar. Der St. Franciscus-Sängerchor war erschienen und erntete, wie gewöhnlich, reichliches Lob. Andere Freunde aus der St. Franciscus-Gemeinde fanden sich zahlreich ein. Ueberhaupt hat die St. Franciscus-Gemeinde Heilig-Kreuz immer als Tochter geliebt und an ihren Festlichkeiten Antheil genommen. So am 2. Mai bei der Einweihung der Stationen, am 27. Juni bei der Einweihung der neuen Schule und andern Anlässen.

27. Juni. Priesterweihe der hochw. PP. Timotheus Großmann, Gabriel Meßmer und Hyacinth Schomer.

29. Juni. Primiz des hochw. P. Timotheus Großmann, O. M. Cap.

4. Juli. Primiz des hochw. P. Gabriel Meßmer, O. M. Cap., des Bruders des hochw. Bischof Meßmer von Green Bay. Die Festpredigt hielt ihm der hochwst. Erzbischof Otto Zardetti, der kürzlich auf den erzbischöflichen Sitz von Bucharest verzichtete, damals noch Prof. am Salesianum und Domtapitular von St. Gallen war. Schon in der alten Heimat, der Schweiz, war er der Familie Meßmer befreundet gewesen.

4. Okt. Das Patrocinium der Gemeinde wurde mit mehr als gewöhnlicher Feier begangen. Vor dem hochwst. Bischof M. Heiß und dem damals apostolischen Vikar von Dakota, M. Marty celebrirte der hochw. Herr Generalvikar L. Batz das feierliche Hochamt. Von hochw. Herren waren noch anwe-

Mrs. B. F. Lutfring.

B. F. Lutfring.

send der hochwst. P. Custos Bonaventura, der hochw. Prof. A. Zeininger, der hochw. Spiritual P. M. Abbelen, die hochw. Herren Conrad, Holzhauer, Decker, Rodowicz, D. Thill, Raeß, Grünholz, Schmidt, S. J.

28. Februar 1881. Zu wiederholten Malen hat man auch in Wisconsin den Versuch gemacht, wie in manchen anderen Staaten, so auch hier das Kircheneigenthum zu besteuern. Die offenkundige Ungerechtigkeit einer solchen Maßregel empörte die katholische Bevölkerung des Staates, und nicht minder jene Nicht-Katholiken, welche noch bedacht sind, schönere Kirchen zu errichten. Ueberall wurden Protestversammlungen veranstaltet. Die St. Franciscus-Gemeinde schloß sich den Uebrigen würdig an.

29. Mai. Priesterweihe der hochwürdigen PP. Martin Büchel, Casimir Lutfring, Camillus Gnad, Isidor Handtmann, Titus Repp und Anastasius Duckgeischel durch den hochwürdigsten Bischof Heiß.

5. Juni. An diesem Tage empfingen 25 Knaben und 28 Mädchen der Gemeinde zum ersten Male die hl. Kommunion. Der Tag gestaltete sich zu einem überaus festlichen, da mehrere der am 29. Mai geweihten Priester zum ersten Male das heilige Meßopfer darbrachten. Um 6 Uhr war es der hochwürdige P. Titus, um 9 Uhr der hochwürdige P. Anastasius, um 10 Uhr der hochwürdige P. Casimir, der zum ersten Male als Priester die Stufen des Altares hinanstieg. In der Messe des hochwürdigen P. Anastasius gingen die Kinder erstmals zum Tische des Herrn. Zur Primizfeier des P. Casimir eilte eine große Zahl von Freunden aus der St. Joseph's-Gemeinde herbei, welcher der wohlbekannte Herr Bernard Lutfring, P. Casimir's Vater, schon seit Milwaukee's Kindheitsjahren angehörte. Deßhalb mußte auch der beliebte Vater Holzhauer, der den P. Casimir ehedem getauft und unterrichtet, ihm die Festpredigt halten.

19. Juni. Nachmittags um 3 Uhr wurden die neuen Stationen, ein wegen des künstlerischen Schnitzwerkes aus der Fabrik des Herrn Brielmaier kostbares Geschenk des Herrn J. G. Meyer in der üblichen Weise benedicirt.

21. August, 4 Uhr. Glockenweihe in der Heilig-Kreuz-Gemeinde, vorgenommen vom hochw'sten Bischof Heiß, dem der hochw. P. M. Abbelen und P. Ignatius, O. M. Cap., assistirten. Die Predigt hielt der hochw. Generalvikar Batz in Gegenwart der hochw. Herren Conrad, Rodowicz und der PP. Antonius, Laurentius aus New York, und P. Bonifatius, Superior von Heilig-Kreuz.

7. Sept. Tod des hochw'sten Erzbischofs J. M. Henni. Diese Nachricht kam nicht mehr ganz unerwartet, nachdem schon im Jahre 1879 ein leichter Schlaganfall seine geistigen Kräfte bleibend geschwächt und die leiblichen Kräfte des Greisen zusehend vermindert hatte. Die in den ersten Tagen des September herrschende Hitze führte seine beschleunigte Auflösung herbei. Die

Traner und Bestürzung des treuen katholischen Volkes offenbarte sich im Zudrange zur Besichtigung der Leiche, in der großen Theilnahme am Leichenbegängnisse, in den allerorts stattgefundenen und zahlreich besuchten Trauerfeierlichkeiten. Bei den am 10 Sept., dem Begräbnißtage, abgehaltenen Exequien war außer der höheren und niederen Geistlichkeit auch die Laienwelt und Bürgerschaft von Milwaukee ansehnlich vertreten, denn es waren offiziell zum Traueranlaß erschienen: Hon. Brown, Mayor der Stadt, die meisten städtischen Beamten, acht Mitglieder des Supervisoren-Kollegiums, Vertreter der Milwaukeer Handelskammer, des Kaufmanns-Vereins und die Klubs der alten Pioniere und Ansiedler von Wisconsin in corpore. Ein nicht zu verkennender Beweis von der Popularität des edlen Erzbischofes bei allen Klassen der Bevölkerung, und der hingebenden treuen Liebe seiner geistigen Kinder.

Am 12. Sept. wurde für ihn in der St. Franciscus-Kirche ein feierliches Requiem gehalten.

4. Okt. Am Patroncinium wurde das Hochamt celebrirt vom hochwst. Herrn Generalvikar L. Batz. Die Festpredigt wurde gehalten vom hochw. J. Gmeiner, damals Pfarrer von Waukesha. Die hochw. Herren Abbelen, Conrad, Thill und Gorski beehrten die Gemeinde mit ihrer Gegenwart.

Von 16.—23. Okt. wurde in der St. Franciscus-Kirche die erste Volksmission abgehalten. Die Missionspredigten hielt der hochwst. P. Bonaventura Frey, Custos der PP. Capuciner. Täglich war morgens um 9 Uhr Hochamt mit Predigt, Abends um ½8 Uhr Predigt und kurze Andacht. Erst vor kurzer Zeit sah die Gemeinde wieder den damaligen Custos auf ihrer Kanzel und lauschte seinen beredten Worten; es bedarf demnach keiner eingehenderen Behandlung seiner Predigten. Dieselben waren stets eifrig besucht. Beim feierlichen Schluß am Sonntag Nachmittags um halb 3 Uhr mit Segnung der Missionsandenken war jeder Sitz besetzt. 900 Kommunionen wurden in diesen Tagen ausgetheilt.

In diesem Jahre wurden, da keine Neubauten aufzuführen waren, besondere Anstrengungen gemacht, die Kirchenschulden zu vermindern. Schon bei der Gemeinde-Versammlung im Jannr 1881 war ein dahinzielender Beschluß gefaßt worden. Dem entsprechend wurde um Pfingsten die Gemeinde in 3 Distrikte mit je zwei Collektoren zur Eintreibung der gezeichneten Subscriptionen zur Abtragung der Kirchenschuld eingetheilt. Diese Subscriptionen und hinzukommende Almosen erzielten die Summe von $1727.35.

29. Jannr 1882. Abermalige Sammlung von Unterschriften behufs Bekämpfung des Kirchenbesteuerungs-Gesetzes.

13. Feb. Von diesem Tage datirt die Einführung der vor der Polizeibehörde eingeschworenen und gesetzlich anerkannten Ordnungsmänner, um Unordnungen oder Störungen in der Kirche oder ihrer Umgebung zu verhüten. Die ersten waren die Herren C. Lauer und H. Schomer.

St. Joseph's and St. Aloysius' Altar.

Altar des heil. Joseph und des heil. Aloysius.

Dr. Otto Zardetti (jetzt Erzbischof) hielt in diesem Jahre die Fastenpredigten. Niemals waren die Predigten mehr besucht als in diesem Jahre, da dieser so außerordentlich begabte Redner in den rührendsten Bildern das Leiden Christi vorführte und mit aller Kraft der Beredtsamkeit seine Zuhörer zu thatkräftiger Liebe des Gekreuzigten anspornte.

Am 10. April 1882 starb im hiesigen Convente der hochwürdige P. Carl Brandstetter, O. M. Cap. Derselbe war geboren am 20. Oktober 1835 zu Bero-Münster in der Schweiz. Nach Vollendung seiner Studien zu St. Vincent in Pennsylvania, wurde er am 1. Mai 1863 zum Priester geweiht. Eine kurze Zeit war er hierauf Kaplan in Pittsburg, Pa. Am 22. Dezember 1867 empfing er den Habit im Orden der Capuciner. Seit 1875 war er an der St. Franciscus-Kirche thätig und erfreute sich großer Beliebtheit. Er besaß außerordentliche Talente und war in mehreren Sprachen sehr bewandert. Von seinen dichterischen Anlagen geben seine Gedichte in deutscher, englischer und lateinischer Sprache Zeugniß. Er lieferte mehrere Arbeiten für die Presse und einige Zeit nach dem Tode des hochwürdigen P. Cajetan Krauthahn, Redakteurs der „Columbia" lieferte er für diese Zeitung die Hauptartikel. Im Umgange war er heiter und witzig, und nicht minder zartfühlend für die Leiden seiner Mitmenschen.

Seine Sprachorgane waren leider fehlerhaft, dennoch wirkte er durch seine leichtfaßlichen populären Predigten sehr viel Gutes.

Als er am 4. November 1881 mit dem hochwürdigen P. Ignatius in Grand Rapids eine Mission halten wollte, glitt er in der Dunkelheit aus, beim Betreten der kleinen Brücke, die auf das Schiff führte, und verletzte Arm und Schulter. Später kam Rheumatismus hinzu und verursachte seinen Tod nach 6 monatlichem überaus schmerzlichen Leiden. In seiner Krankheit war er durch seine Geduld und Ergebung ein Gegenstand der Erbauung. An seinem Leichenbegängnisse nahm die Gemeinde regen Antheil.

2. Juli. Der hochwst. Herr Erzbischof Heiß celebrirte ein Pontifikalamt. Als Diakon und Subdiakon fungirten die hochw. PP. Pius O. M. Cap. und Hyacinth O. M. Cap., als Ehrendiakonen die hochw. PP. Hieronymus, O. M. Cap., und Bonifatius, O. M. Cap., Dr. O. Zardetti, welcher auch die Predigt hielt, assistirte als Erzpriester, der hochw. Spiritual P. M. Ableben als Ceremoniar. Am Nachmittage spendete der hochwst. Erzbischof das Sakrament der hl. Firmung, 84 Personen aus der Gemeinde und 10 aus der Heilig-Kreuz-Gemeinde.

Vom 7. bis 9. Juli wurde mit der Andacht des 40-stündigen Gebetes ein Triduum zu Ehren der Heiligsprechung des hl. Laurentius von Brundusium verbunden. In den Abendpredigten wurden die Zuhörer mit dem wunderbaren Leben und den heroischen Tugenden dieses Heiligen aus dem Capucinerorden vertraut gemacht und zur Nachahmung seiner Tugenden angeeifert.

Auf den 25. Juli machte die Gemeinde große Vorbereitungen, das silberne Priesterjubiläum des hochw. P. Antonius Rottensteiner, O. M. Cap., Definitors und Guardians des Capuciner-Conventes und zur Zeit Pfarrer der Gemeinde in würdiger Weise zu begehen.

Am 16. Mai 1830 zu Obereifnach in Bayern geboren, wurde er am 25. Juli 1857 in Dillingen zum Priester geweiht. Nachdem er einige Jahre als Kaplan in Dillingen in der Seelsorge thätig gewesen, kam er im Jahre 1864 nach Amerika und übernahm die Gemeinde in Altorna, Penn., bis er im Jahre 1866 in den Capuciner-Orden eintrat. Im Jahre 1870 war er nach Milwaukee gekommen und seither ununterbrochen an der St. Franciscus-Kirche thätig gewesen. Beim Herannahen seines Festes war er von einer im Interesse des Ordens unternommenen Romreise noch nicht zurückgekehrt, weßhalb man die Feier auf den 9. Aug., an welchem Tage er vor 25 Jahren das hl. Meßopfer zum ersten Male dargebracht, verlegen wollte. Doch leider ging auch dieser Tag vorüber und P. Antonius war noch nicht da.

Endlich am 23. August war es der Gemeinde vergönnt ihrer Liebe und Anhänglichkeit an ihren Seelsorger Ausdruck zu verleihen. Der zweimalige Aufschub der Feier war indeß nicht im Staude gewesen der begeisterten Theilnahme der Gemeinde an dem schönen Feste geringsten Abbruch zu thun.

Der hochw. Jubilar hatte jede größere mehr nach Außen tretende Kundgebung zur Feier seines Ehrentages verboten. So gestaltete sich dann die Jubiläumsfeier zu einem rechten Familienfeste, wobei die Kundgebungen der Freude und die Segenswünsche für den hochw. Jubilar aus vollem und aufrichtigen Herzen kamen.

Das Fest wurde am Vorabend eingeleitet durch ein solennes Ständchen und Gratulation von Seiten des St. Cäcilien-Kirchenchores.

Bei dem feierlichen Hochamte am Feste selbst assistirten dem hochw. Jubilar der hochw. P. Laurentius Vorwerk, O. M. Cap., aus New York und Pacificus Berlemann, O. M. Cap., aus Appleton. Die Festpredigt hielt der hochwst. P. Ex-Custos Franciscus Haas, O. M. Cap. Außerdem waren gegenwärtig der hochwst. Herr Generalvikar und fast der gesammte Stadtklerus nebst einigen hochw. Herren vom Lande. Die ganze Gemeinde betheiligte sich ungewöhnlich zahlreich am Gottesdienste.

Nach dem feierlichen Hochamte empfing der hochw. Jubilar die Glückwünsche des hochwst. Herrn Generalvikars und seiner übrigen Mitbrüder im hl. Priesterstande.

Am Nachmittage gratulirten die Schulkinder, aber auch die Eltern waren erschienen, um der hübschen und ansprechenden Feier beizuwohnen.

Abends um 8 Uhr war großes Concert und Gratulation der Gemeinde. Herr E. Brielmaier verlas im Namen der Gemeinde eine Addresse und überreichte die Geschenke, darunter eine Börse mit $287.40 von den Männern der Gemeinde und $262.40 von den Vereinen.

Nach beendigter Gratulation erhob sich der hochw. Jubilar und sprach der Gemeinde in herzlichen und be wegten Worten für die ihm dargebrachte Ovation und die Geschenke seinen Dank aus.

Nach einem feierlichen Hochamte am 4. Sept. ertheilte der hochw. P. Antonius der Gemeinde den päpstlichen Segen mit vollkommenen Ablaß, den er in einer Privataudienz beim hl. Vater Leo XIII. für die Gemeinde erbeten hatte.

Am 4., 5. und 6. Okt. wurde ein feierliches Triduum gehalten zu Ehren des 700-jährigen Gedächtnisses der Geburt des seraphischen Ordensstifters St. Franciscus. In allen Kirchen der drei Orden des hl. Franciscus wurde dieses Triduum auf Anordnung des hl. Vaters Papst Leo XIII. in der feierlichsten Weise begangen, um so mehr mußte diese Gemeinde, die sich den seraphischen Vater zum Patrone erkoren, an der Verherrlichung desselben innigen Antheil nehmen. Täglich war ein feierliches Levitenamt. Am Nachmittage Vesper oder Rosenkranz=Andacht. Abends Predigt und hl. Segen.

Am Mittwoch um 10 Uhr celebrirte der hochw. H. J. Holzhauer, Pfarrer der St. Josephs=Gemeinde, der hochw. L. Conrad, Pfarrer der Dreifaltigkeits= Gemeinde hielt die Predigt. Am Abende dieses Tages predigte der hochw. P. Antonius, dem sein vor kurzem Assisi und anderen durch die Gegenwart des hl. Franciscus geheiligten Orten erstatteter Besuch reichlichen Stoff zu einem interessanten Vortrage bot. An den Abenden besonders und bei dem Pontifikal= amte fand sich eine große Zahl von Priester aus Stadt und Umgegend ein.

Am Donnerstag celebrirte um 10 Uhr der hochw. L. Suchy, O. S. F., Pfarrer der böhmischen St. Johannes Nep.=Kirche. Abends predigte der hochw. P. M. Abbelen mit gewohnter Begeisterung für den hl. Franciscus.

Bei dem Pontifikalamt am Freitag assistirten als Diakon der hochw. D. Thill, Pfarrer der Marien=Gemeinde, als Subdiakon der hochw. L. Suchy, O. S. F., als Ehrendiakone die hochw. Herren L. Conrad und P. Rodowicz, Pfarrer der polnischen St. Hedwigs=Kirche. Die Predigt hielt der hochw. Jos. Rainer, Spiritual (jetzt Rektor) des Priesterseminars.

Bei der Schlußfeier am Abende predigte der hochwürdige Dr. O. Zar= detti. Der hochwürdige P. Guardian Antonius ertheilte den hl. Segen. Die Kirche und die Altäre waren herrlich geschmückt. Die Betheiligung des Volkes eine geradezu großartige.

Für den Besuch der Kirche war den Gläubigen, welche die gewöhnlichen Bedingungen ein den armen Seelen zuwendbarer vollkommener Ablaß gewährt worden. Für den Besuch der Kirche allein mit Gebet nach Meinung des hl. Vaters war ein Ablaß von 7 Jahren und 7 Quadragenen bewilligt.

5. Der hochw. P. Lucas Rasch, O. M. Cap.

Am 19. Oktober 1882 wurde in Mt. Calvary das erste Provinzialkapitel des Ordens abgehalten. Der hochwürdigste P. Bonaventura wurde zum Provinzial erwählt, der frühere Pfarrer der St. Franciscus-Gemeinde P. Laurentius zum I. Definitor und der damalige Pfarrer der St. Franciscus-Gemeinde zum II. Definitor des Ordens. Beim Kapitel werden nun auch die einzelnen Ordensfamilien wieder neu zusammengesetzt oder bestätigt und jeder Ordensmann muß sein Bündelchen bereit halten auf den Tag der Rück-kehr der Kapitularen. Daß der verehrte Guardian und Pfarrer der Gemeinde schon zum traurigen Schicksal der Wanderung bestimmt sei, hatte Niemand erwartet, und doch war es so gekommen. P. Antonius blieb als Guardian in Mt. Calvary, wegen des daselbst befindlichen Laurentianums und des Scho-lastikats ein hervorragender Vertrauensposten, während P. Lucas Rasch, den das Kapitel zum römischen Custos erwählt hatte, zum Guardian von Mil-waukee bestimmt wurde und P. Ignatius ihm als Vikar beigegeben wurde. P. Lucas war der Gemeinde noch wenig oder gar nicht bekannt, doch mit Hilfe seines mit den Verhältnissen der Gemeinde vollständig vertrauten Vikars, und Dank seiner eigenen Energie und Leutseligkeit, ließ er in der Ordnung der Geschäfte und in dem gedeihlichen Fortschritt der Gemeinde keine Stockung ein-treten.

Am Ostermontage, dem 26. März 1883, ertheilte der hochwürdigste Erz-bischof 5 Klerikern des Ordens das Subdiakonat und bei dieser Gelegenheit empfing der hochwürdige Anton Strüter aus dem Seminar die hl. Priester-weihe. Am 8. April empfingen die erwähnten Kleriker das Diakonat und am 19. Mai das Presbyterat.

Am folgenden Tage, Dreifaltigkeitssonntag, war um 8 Uhr die Primiz des hochwürdigen P. Albert Locher, O. M. Cap. Die Primizpredigt hielt der hochwürdige P. Provincial Bonaventura. Um 10½ Uhr an demselben Tage war die Primiz des hochwürdigen P. Franciscus May, O. M. Cap., dem der hochwürdige Dr. O. Zardetti die Predigt hielt.

Am 24. April, dem hochheiligen Frohnleichnamsfest, wurde das Fest ver-schönert durch die Primizfeier des hochwürdigen P. Capistran Claude, O. M. Cap.

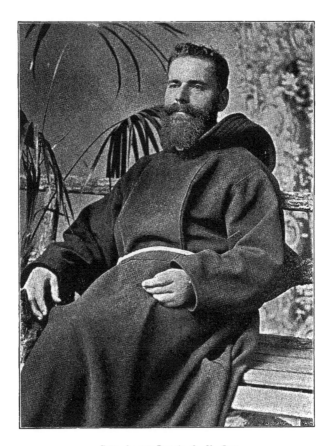

Rev. Lucas Rasch, O. M. Cap

Der 1. Juli war wieder ein Primiztag, und zwar fand eine Primiz statt, welche die Gemeinde noch näher betraf als die öfter wiederkehrenden Primizen der Ordensmitglieder. Es war ein Kind der Gemeinde, und zwar ein Sohn des ersten Lehrers der Gemeinde, des Herrn Constantin Ries, der am 24. Juni im Seminar ordinirte hochw. Heinrich Ries, welcher zum ersten Male das hl. Opfer darbrachte. Eine große Anzahl von Freunden aus dem Seminar hatte sich die Ehre erbeten, dem Primizianten zu assistiren. Der hochw. P. Antonius, O. M. Cap., war von Calvaria erschienen um dem Sohne seines verehrten Freundes die Primizpredigt zu halten. Mit großer Sorgfalt waren Kirche und Altäre geschmückt worden, der Chor war bemüht seinem früheren Dirigenten Herrn C. Ries Ehre zu machen, die Gemeinde bei dem Amte äußerst zahlreich vertreten.

2. Aug. Portiunkula. Celebrant des feierlichen Hochamtes war der hochw. Spiritual P. M. Abbelen. Festredner in der mit Andächtigen überfüllten Kirche war der hochw. Generalvikar.

15. Aug. Priesterweihe der hoch. PP. Stephan Sack, O. M. Cap., und Antonin Wilmer, O. M. Cap.

19. Aug. Primiz des hochw. P. Stephan, O. M. Cap.

4. Okt. Patronsfest. Der hochwst. Generalvikar celebrirte das Hochamt mit entsprechender Assistenz. Der hochw. D. Thill hielt die Lobrede des hl. Franciscus in Gegenwart der hochw. Rektoren der beiden Seminarien und zahlreichem Stadtklerus.

Am 22. Nov. wurde das an der Ecke der Reservoir Ave. und der ViertenStraße erbaute St. Joseph's Hospital durch den hochwst. Generalvikar, damals in Abwesenheit des Herrn Erzbischofes Administrater der Erzdiözese, unter Assistenz des hochw. P. Lucas, O. M. Cap., und nur weniger anderer Priester eingeweiht, da die Feier eine private sein sollte.

Schon im Jahre 1879 war es der Wunsch der verschiedenen Pfarrer der Stadt ein deutsches Hospital zu haben — ein englisches war schon da — das den Katholiken, besonders den Armen, Hilfe und Trost bieten und vor den Gefahren des Glaubens in den städtischen Anstalten schützen sollte. Durch die Vermittlung des Herrn Mgr. L. Batz kamen am 14. Mai die vier ersten Schwestern aus dem Mutterhause der ehrw. Franciscanessen zu St. Louis, Mo., hier in Milwaukee an, um die Kranken in ihren Wohnungen zu verpflegen. Mgr. Batz hatte denselben gerathen, sich auf der Südseite anzukaufen, da es aber unmöglich war, täglich einen der Capuciner-Patres, die die geistliche Leitung der Schwestern übernehmen sollten, ohne große Umständlichkeit und viel Zeitaufwand auf die Südseite zu schicken, ließ die ehrwürdige Mutter Oberin sich bereden in der St. Franciscusgemeinde, zuerst an der Ecke der Vierten- und Walnut-Straße ein Haus zu gründen. Seither haben die Schwestern man-

chem Armen geholfen. Jedes Jahr haben sie etwa 70 Patienten ganz unent=
geltlich gepflegt, während andere nur $1.50 per Woche und aufwärts
bezahlen.

Auch eine beträchtliche Anzahl von Unglücklichen, die ihrem hl. Glau=
ben entfremdet geworden, haben sie zum Empfange der hl. Sakramente bewo=
gen, und sogar einige Nichtkatholiken durch ihre Opferliebe zur Annahme des
alleinseligmachenden Glaubens veranlaßt. Doch lassen wir eine der ehrw.
Gründerinnen erzählen. Unser Bericht wird dadurch um so authentischer.

St. Joseph's Hospital.   Das St. Joseph's Spital.

St. Josephs-Hospital.

„Nachdem wir dem hochwürdigsten Herrn Erzbischof Henni einen Besuch abgestattet und seinen heiligen Segen empfangen, war unser erster Gang nach dem Capuciner=Kloster, und wurden wir von dem hochwürdigen Pater Guar= dian, dem jetzigen Exprovincial Antonius Rottensteiner, recht freundlich em= pfangen. Hochderselbe sprach uns recht viel Muth ein zu dem schweren Berufe, indem er uns seines Schutzes und Beistandes, so viel in seinen Kräften stehe, versicherte. Der jetzige Pater Guardian hochw. P. Ignatius war damals Vicar des Klosters. Wir verließen die hochwürdigen Paters um unsere beschei= dene Wohnung an der 4ten und Walnut Straße aufzusuchen. Die Hausein= richtung war sehr ärmlich aber praktisch. So z. B. hatten wir einen Kochofen, groß genug um einen Topf aufzustellen; konnten somit jedesmal die ganze Mahlzeit in einem Topf kochen; waren dann auch schnell fertig mit dem Geschirrwaschen; als Tischtuch diente uns ein Stück Zeitungspapier. Der hochwürdige Pater Guardian, in seiner väterlichen Fürsorge fragte nach, ob wir auch wohl etwas zu essen hätten, wenn nicht, dann sollten wir nur zur Kloster= pforte kommen, um etwas zu holen. Wir ließen uns dies nicht zweimal sagen, und folgten treu seiner Einladung, denn der Hunger mahnte uns, und es war nichts vorräthig. Doch bald wurden wir bekannt, und die größte Noth hörte auf. Wir bekamen dann manchmal mehr Brod als wir bedurften. Damit aber nichts verloren ginge, so trockneten wir die übrig gebliebenen Stücklein, um selbe zur Zeit der Noth zu gebrauchen. Diese trockenen Knabbeln schmeck= ten recht gut zum Kaffee und wir hatten recht viel Spaß dabei. Doch Gott verläßt die Seinen nicht! Es fanden sich recht bald viele gute Herzen (es waren besonders einige Mitglieder der St. Franciscus=Gemeinde, die uns mit allem Nöthigen versahen). Oefters fanden wir bei unserer Heimkehr von der hl. Messe an der Hausthüre eine Kiste mit Specereien, oder einen Sack Mehl vor, von einem geheimen Wohlthäter gespendet. Mit welchem Dank gegen Gott und dem freundlichen Geber wir diese Gaben entgegengenommen, läßt sich kaum sagen! Recht bald wurden wir ersucht, den verschiedenen Kranken zu dienen. Gewiß waren es vor allem die Armen, die unsere Hülfe in Anspruch nahmen, und nicht selten sahen wir uns genöthigt, nebst der Pflege auch die Nahrungsmittel für die Kranken zu verschaffen, wozu wir stets gute Herzen fanden.

Doch, o Weh! Durch unser Erscheinen auf dem Wege zum Kranken, erregten wir ungewöhnliches Aufsehen und wurden oft der heranwachsenden

Jugend der guten Stadt Milwaukee, ein Gegenstand des Spottes, indem selbe uns in Schaaren folgte, und zum Schluß der Ceremonie mit Koth und Steinen beehrten. Wir mußten im Stillen lächeln und beten: „Herr, verzeihe ihnen, denn sie wissen nicht, was sie thun!" Zu den schwersten Opfern jedoch gehörten die vielen langen, schlaflosen Nächte in den übelriechenden, engen Behausungen der Armen. Hier bei einem Nervenfieber=, dort bei einem Krebs=, anderswo bei einem Scharlach= oder Diphtherie=Kranken u. s. w. Die Krankenrufe wurden so häufig, daß die Zahl und Kräfte der Schwestern bei Weitem nicht ausreichten, und das Nachtwachen fast zur zweiten Natur wurde. Da kam nach vierjähriger mühsamer, aber von Gott sichtbar gesegneter Arbeit und schweren Opfern, endlich die Zeit, wo entschieden werden sollte, einen passenden Platz für den Bau eines Hospitals auszuwählen. Die Meinungen waren sehr verschieden. Doch Dank der treuen Fürsorge der hochwürdigen Herrn Monsignor Batz und Pater Exprovincial Antonius Rottensteiner wählten wir diesen Platz, worauf das St. Josephs=Hospital jetzt steht. Gewiß eine gute Wahl in jeder Hinsicht! Verschiedene Aerzte haben wir schon sagen gehört, daß dieses Hospital die beste und gesündeste Lage hätte von allen hiesigen Hospitälern. Auch ist es den meisten Aerzten leicht erreichbar. Nicht unerwähnt dürfen wir lassen, daß auch in geistlicher Hinsicht das Hospital durch die hochwürdigen Capuciner=Patres, in deren nächster Nähe sich dasselbe befindet, sehr wohl versorgt ist. Leider ist es oft der Fall, daß aus Mangel an Raum, dem einen oder andern Patienten die Aufnahme versagt werden muß. Mit keiner andern Hülfe, als dem Vertrauen auf Gott und dem guten Willen der Bürger, wurde das Hospital im Jahre 1883 gebaut und am 22. November desselben Jahres durch den damaligen Herrn General=Vicar hochwürdigen Vater Batz eingeweiht und zur Aufnahme der Kranken eröffnet. Obgleich das Hospital nur fünfzig bis sechzig Kranke zeitweilig beherbergen kann, so beläuft sich doch die Zahl der verpflegten Kranken seit 1883 auf mehr denn 5,000. Gewiß ist es, daß wir jetzt in vereinter Kraft weit mehr Kranke pflegen können, als wenn die Kräfte zersplittet sind, d. h. eine Schwester hier, die andere dort einen Kranken pflegt, dies lehrt die Erfahrung. Früher mußte bei jedem einzelnen Kranken eine Schwester den Schlaf opfern; jetzt im Hospital, wo die Kranken nahe zusammen sind, kann eine oder zwei Schwestern 50—60 Kranke des Nachts versorgen. Zum Schlusse möchten wir alle diejenigen, welche Gott mit zeitlichen Gütern gesegnet hat, recht aufmuntern, dieses Hospital wie bisher nach Kräften zu unterstützen, damit wir im Stande seien, recht viele Arme aufzunehmen. Möge Niemand sich damit begnügen, zu denken, das Hospital ist gut ab, wie man zu sagen pflegt, wenn sie dasselbe in gutem Zustande erblicken. Sie sollen vielmehr bedenken, daß gute Einrichtung und Reinlichkeit absolut nothwendig sind und von den Aerzten unbedingt ver=

langt werden. Daß die Kranken aber viele Sachen ruiniren, ist gewiß That=
sache, so daß fast beständig Renovirung und Reparaturen nothwendig sind ;
und daß dieses auch etwas kostet, wird wohl Niemand bezweifeln.

Sollte Jemand iu seinem letzten Willen auch einige Anstalten zu seinen
Erben zählen wollen, so vergesse er nicht das St. Joseph's=Hospital an der
4. Str. und Reservoir Ave., unter den Incorporations=Namen Franciscan
Sisters.''

Auch in diesem Jahre wurde rüstig gearbeitet an der Verminderung der
Kirchenschuld. Zu diesem Behufe wurde seit dem Monat Mai monatlich eine
Collekte aufgenommen, welche im Durchschnitt $110.00 einbrachte.

Es wurde um diese Zeit immer mehr das Bedürfniß fühlbar eine größere
Orgel zu besitzen. Die vorhandene Orgel war nicht nur aus der alten Kirche
herübergenommen worden, sondern war anfänglich als alte Orgel angeschafft
worden. Eine gründliche Reparatur hatte sie wohl auf einige Jahre wieder
dienstfähig gemacht, aber in feuchtem Wetter und im Winter wurde sie zum
waren Schreikasten, der nicht mehr erbaute oder zur Andacht stimmte. Manche
hätten wieder das primitive Quartett aus '70 und '71 mit der Geige vorgezo=
gen. Schon bei dem großen Cäcilienfeste im Jahre 1879 hatte ein Berichter=
statter bei dem in der St. Franciscus=Kirche abgehaltenen feierlichen Requiem
die Orgelbegleitung schmerzlich vermißt, glaubte es aber der großen Mangel=
haftigkeit der Orgel in der Capuciner=Kirche zuschreiben zu müssen. Dies
„große Wort" trug dann die löbliche „Cäcilia" in alle Welt. Kein Wunder
also, daß der eifrige Chordirigent nicht nur am Neujahr, sondern jeden Sonn=
tag sich eine neue Orgel wünschte. Das wünschen allein zog aber nicht, da
suchte er sich in dem St. Antonius Jünglings=Verein einen Bundgenossen und
mit diesem und dem Cäcilien=Verein gemeinsam veranstaltete er am 23. März
1884 eine musikalische Abendandacht, bei der der hochw. Prof. J. Gmeiner eine
praktische Predigt hielt. Der Eintritt war frei, doch wurden freiwillige Bei=
träge entgegen genommen zur Beschaffung einer neuen Orgel. Der Erfolg
war ein erfreulicher.

Mitte April reiste der hochw. P. Lucas, Pfarrer der Gemeinde, mit dem
hochwst. P. Provincial Bonaventura und dem hochw. P. Laurentius nach Rom,
wo zur Wahl des Ordensgenerals der Capuziner=Patres das General=Kapitel
abgehalten wurde. Am 9. Mai waren zur Erflehung einer glücklicher Wahl den
ganzen Tag eifrig besuchte Betstunden vor dem ausgesetzten hochwürdigsten
Gute. Im Monate Juli kehrte der verehrte Pfarrer zur Freude der Gemeinde
wohlbehalten von der Romreise zurück.

Unterdessen sorgte Herr Lehrer Lindenberger für Vermehrung des Orgel=
Fonds. Diesmal, am 8. Juni, hatte er seinen geehrten Collegen, Herrn Lehrer
P. Bach von der Marien=Kirche eingeladen mit ihm in der St. Franciscus=

71

Kirche bei einer Abendandacht eine Anzahl prächtiger Compositionen älterer und neuerer Tonkünstler zur Aufführung zu bringen. Die aufgenommene Collekte brachte den eifrigen Dirigenten der Verwirklichung seines Herzenswunsches um einen großen Schritt näher.

7. Juni. Priesterweihe des hochw. P. Jakobus Stuff, O. M. Cap.

8. Juni. Primiz des P. Jakobus.

2. August. Portiunkula. Das Hochamt sang der hochw'ste Mgr. St. Münich, jetzt Pfarrer in Racine; die Predigt hielt der hochw. Prof. J. Gmeiner.

4. Oktober. Patrocinium. Das Hochamt sang der hochw'ste Mgr. L. Batz in Gegenwart des hochw'sten Herrn Erzbischofs in Pontifikalien. Der hochw. A. Decker, Pfarrer der St. Antonius=Kirche, hielt die Festpredigt.

5. Okt. Ertheilung des Subdiakonats.

12. Okt. Ertheilung des Diakonats an einige Kleriker des Ordens. Gleichzeitig empfing in unserer Kirche der hochw. H. Stemper, jetzt Pfarrer der Herz=Jesu=Gemeinde zu St. Francis, und der hochw. H. Niehaus, Assistent des Spirituals im Marienkloster, die hl. Priesterweihe.

28. Okt. Priesterweihe des hochw. P. Alois Blonigen, O. M. Cap.

Am 26. Juli 1885 war Firmung. Der hochwst. Herr Erzbischof spendete nach der von Mgr. L. Batz gehaltenen Predigt 77 Personen das hl. Sakrament der Stärkung. Sodann nahm seine erzbischöfliche Gnaden unter Assistenz der hochw. Herren Suchy und Salik die feierliche Consekration der fünf neuen Glocken vor, bei welcher Gelegenheit der hochw. Mgr. Batz wiederum die Predigt hielt. Nahezu 80 Priester aus Stadt und Umgegend und eine große Menschenmenge wohnten den Ceremonien bei, welche im Freien vorgenommen wurden. Zur größeren Bequemlichkeit der Betheiligten hatte man die Umzäunung des Klostergartens an der Vierten=Straße entfernt. Südlich von der Kirche wurden die Glocken auf einer langen Platform aufgestellt und über denselben ein großes Zelt von Tuch und Laubwerk aufgeschlagen. Auch für den Festredner war eine schattige Tribüne errichtet an einer Stelle die den Umständen entsprechend die zweckdienlichste schien. Wurde auch die Feier, als einmal die verschieden „Pathen" und „Pathinnen" den Ton anschlugen, zu einer sehr geräuschvollen, wie das ja in der Natur des Festes lag, so verfehlten die bedeutungsvollen Ceremonien und der würdevolle Gesang des Kirchenchores nicht die Erhabenheit unserer hl. Religion zu zeigen in allen ihren kirchlichen Gebräuchen.

Die Glocken sind Geschenke von Gemeinde=Mitgliedern. Die größte im Gewicht von 3,678 Pfund (Ton Cis), wurde durch freiwillige Beiträge von

The Bells.   Die Glocken.

Daniel Suess.

George Marzolf.

George Haag.

Mrs. George Haag.

E. Brielmaier.

Mrs. E. Brielmaier.

Herr und Frau C. Mehle.

Herr und Frau Fried. Boheim.

Herm. Joj. Klein und Frau.

Michael Schilz und Frau.

Mitgliedern des St. Bonaventura=Vereins bezahlt ($755.43), und trägt daher die Inschrift:

> Bei dem dreieinigen Gott,
> Dem diese Glocke geweiht,
> Du unser Heil. Patron,
> Bitt' für den Männerverein.

Die zweite 2,590 Pfund wiegend (Ton Dis), ist ein Geschenk der Herren Dan. Sueß und Vinc. Schönecker ($539.15). Inschrift: In honorem SS. Cordis Jesu.

Die dritte, welche 1726 Pfund wiegt, (Ton F.) ist geschenkt von Georg Haag und Familie Brielmaier ($369.31.) Inschrift: Ave Maria, Immaculata Patrona!

Die vierte mit 1024, (Ton Gis.) stammt aus der Freigebigkeit des Herrn C. Möehle und Frau C. Möehle ($216.44.) Inschrift: Francisce, tuere Ecclesiam tuam.

Die fünfte von 712 Pfund Gewicht (Ton Ais.) mußte zu den vier bereits bestellten Glocken noch nachbestellt werden, da es den Alten Wohlthäter der Gemeinde, Herrn H. J. (Lochesius) Klein, zu sehr verdroß, daß er nicht, „dabei sein" durfte. Man hatte ihn diesmal schonen wollen, aber er ließ es sich nicht nehmen mit seiner ebenso freigebigen Gemahlin Adelheid (Pika) zur Verherrlichung der Kirche beizutragen ($155.72). Inschrift: SS. Antoni, Pica, Luchesi, intercedite pro nobis!

Zu dem angeführten Gewicht kommt das Gewicht der schweren Gehänge noch hinzu. Die Glocken stammen aus der berühmten Gießerei von McShane in Baltimore und kosteten $2,036.05, das Hängen derselben $190.00. Am folgenden Sonntag, dem 2. Aug. und Feste Portiunkula, riefen sie zum ersten Male die über das herrliche Geläute entzückten Gläubigen in das festlich geschmückte Gotteshaus.

2. Aug. Das Hochamt celebrirte der hochw. Mgr. A. Zeininger, damals Rektor des Priesterseminars. Der hochw. P. Antonius, O. M. Cap., von Calvaria hielt die Festpredigt. Abends bei der Schlußfeier predigte der hochw. P. Aegidius, O. M. Cap. und darauf gab der hochwst. Herr Erzbischof den hl. Segen mit dem Allerheiligsten.

27. Sept. Am Abende dieses Tages wurde durch den hochwst. Herrn Erzbischof die von Herrn Wm. Schülke erbaute neue Orgel eingeweiht. Prof. J. Gemeiner hielt eine der Feier entsprechende Ansprache an die zahlreiche Versammlung. Im Sanktuarium befanden sich der hochwst. Mgr. L. Batz und andere hochw. Herren. Mit der Feier wurde verbunden ein Orgelconcert und die Aufführung kirchlicher Gesänge unter Direktion des Herrn P. Bach und der Mitwirkung der Herren Organisten Prof. J. W. Kunst von Mt. Calvary, und

M. Nemmers von Kenosha statt. Compositionen von
terer, Jaspers und Singenberger kamen dabei in recht a
zur Aufführung.

Um Raum zu ersparen, dann auch damit nicht b
großen Rosettenfensters das Licht ausgeschlossen würde, r
Theilen gebaut. In der Mitte steht der Spieltisch
Pedal. Das Hauptwerk steht dann auf der rechter
(Schwellorgel) auf der linken, das Pedal zu beiden Sei

Die Disposition der Orgel ist folgende:

1. Hauptmanual.

1. Principal 8'; 2. Bourdon 16'; 3. Gamba
Gemshorn 8'; 6. Gedackt 8'; 7. Octav 4'; 8. F
Quinte 2⅔; 10. Octav 2'; 11. Mixtur 4=fach; 12. S

2. Nebenmanual.

13. Principal 8'; 14. Viola d'amour 8'; 15.
Salicional 8'; 17. Fugara 4'; 18. Wiener=Flöte 4'
Oboe und Baßoon 8,.

3. Pedal.

21. Principalbaß 16'; 22. Subbaß 16'; 23. S
oncello 8'; 25. Octav 4'.

4. Nebenzüge.

Außerdem hat die Orgel drei Koppeln und ein Ba
binationszüge Forte, Mezzoforte und Piano für das
Piano für das Schwellwerk; Reversible Pedal und I
Pedal.

Das Gehäuse ist nach schönen Zeichnungen des H
gefertigt und trägt in zwei großen geschnitzten Medaille
Gregors d. Gr. und des hl. Ambrosius.

Die Kosten der Orgel und des Gehäuses ($3:
durch die veranstalteten Concerte und die Verlosung der

4. Oft. Am Patronsfeste celebrirte der hochw
Pontifikalamt in der St. Franciscus=Kirche. Dr. O.
rede auf den hl. Franciscus.

Um diese Zeit wurde die Kirche um eine Thurn
schönert. Sie ist ein Geschenk eines Contraktors, der al

Looking Towards the Organ.   Anſicht nach der Orgel.

Nach vielem Doktern, und nach ebensovielem Spötteln von seiten der Nachbar=
schaft gelang es endlich Herrn Mayer aus Oshkosh, das Werk wieder in Gang
zu bringen. Seither hat sie sich als ein recht annehmbares Geschenk erwiesen,
wenn auch die ersten Reparaturen $265.00 gekostet hatten.

Wie nach außen durch die Uhr, so kam nach innen die Kirche zur Vollen=
dung durch Einführung einer zweckmäßigen Beleuchtung. Erst in diesem
Jahre wurde die städtische Beleuchtung so nahe gebracht, daß es in der Kirche
verwendet werden konnte. Der Mangel an genügender Beleuchtung war sehr
empfunden worden, da noch jeden Sonntag Abend eine Andacht mit katechetischer
Predigt gehalten. Bei der ersten Andacht in der schönbeleuchteten Kirche
erschien der Herr Erzbischof selbst, um den hl. Segen zu ertheilen. Der hochw.
Freund der St. Franciscus=Gemeinde hielt an diesem Abend die Predigt.
Wir erwähnen dieses, um zu zeigen, welches Interesse der hochwst. Herr Erzbi=
schof Heiz an der St. Franciscus=Gemeinde nahm. Fast alle Woche stattete
er den Patres einen kurzen Besuch ab, und so oft er eingeladen wurde irgend
eine Feier mit seiner Gegenwart zu beehren, war er da.

6. Der hochw. P. Hieronymus Henkel, O. M. Cap.

Bei dem am 15. Oktober 1885 in Detroit abgehaltenen Provincial-Kapitel wurde der hochwürdige P. Lucas an die St. Johannes Baptisten-Gemeinde in New York versetzt und der aus früheren Jahren der Gemeinde schon bekannte hochwürdige P. Hieronymus als Guardian des St. Franciscus-Conventes bestimmt. Der Wechsel ging wie immer in aller Stille vor sich. P. Lucas ging im hl. Gehorsam ohne ceremoniösen Abschied an seinen neuen Bestimmungsort, der neue Guardian und Pfarrer nahm die Arbeit auf, wo P. Lucas sie gelassen, und führte sie im herkömmlichen Geiste weiter. Sein Verdienst ist es, das Kirchendach einer gründlichen Reparatur unterworfen zu haben, und dann der Verschönerung des Innern seine Aufmerksamkeit geschenkt zu haben. Das niedere flache Blechdach des Chores und der beiden Kloster-flügel, das im Sommer das Studium in den kleinen Zellen zeitweilig unmög-lich machte, und der Gesundheit, der durch das Studium ohnehin angestrengten Fratres höchst nachtheilig war, ersetzte P. Hieronymus durch ein hohes mit Schiefer gedecktes Giebeldach. Seine Sorgfalt für die Mitbrüder erstreckte sich auch auf die Verbesserung der inneren Einrichtung.

Am 6. März 1886 wurde in der St. Franciscus-Kirche der jetzt verstorbene hochw. P. Bonaventura Henggeler, O. M. Cap., zum Priester ge-weiht. Mit ihm empfing die hl. Priesterweihe der hochw. A. F. Schinner, der jetzt während der Romreise des hochwst. Herrn Erzbischof als Administra-tor der Erzdiözese sich durch seine Liebenswürdigkeit die Herzen Aller erwor-ben hat.

Bei der Primiz des hochw. P. Bonaventura am 14. März predigte der hochw. Exprovincial P. Bonaventura Frey.

4. Okt. Bei dem am Patronsfeste abgehaltenen Pontifikalamte predigte wieder der hochw. Canonicus Dr. O. Zardetti.

15. April 1887. In der Nacht vom Freitag auf Samstag starb Herr Constantin Ries, der erste Lehrer der St. Franciscus-Schule, ein langjähriger Bewohner Milwaukee's, ein verdienstvoller Lehrer, ein Mann von reichem Wis-sen und vor allem ein edler Charakter und ein treuer Sohn der Kirche. Ge-boren im Jahre 1829 zu Forchheim in Baden studirte er im Polytechnicum in Karlsruhe und Mannheim und kam 1852 nach Amerika, wo er seitdem fast ununterbrochen als Lehrer thätig war. Als tief gläubiger und eifriger Ka-tholik widmete er mit Vorliebe und selbst mit persönlichen Opfern seine Dienste der Kirche. So war er von 1862–65 Professor am Salesianum, und wirkte

Rev. Hieronymus Henkel, O. M. Cap.

später mehrere Jahre als Lehrer und Chordirigent in mehreren hiesigen Gemeinden, so an der Dreifaltigkeits-Kirche, Marien-Kirche und St. Franciscus-Kirche, vorübergehend auch an der Dreifaltigkeits-Kirche zu Detroit. Seit 7 Jahren versah er die Stelle des Hauptlehrers der deutschen Sprache an der öffentlichen Schule des 4. Distriktes. Wo immer er aber thätig war, er blieb überall derselbe tüchtige und gewissenhafte Lehrer und nicht minder derselbe überzeugungstreue, brave Katholik, der mit wirklicher Liebe an seiner Kirche hing und durch seinen Charakter und persönlichen Werth die Hochachtung Aller gewann, die in nähere Berührung mit ihm kamen.

Neben seiner Lehrthätigkeit fand Herr Ries noch Zeit, für die katholische Presse zu arbeiten. So hat er in früheren Jahren der „Columbia", dem New York Freeman's Journal, namentlich auch der „Cäcilia", dem Organ des Amerikanischen Cäcilien-Vereins, manch trefflichen Artikel geliefert.

Der Verewigte war ein genial angelegte Natur von idealer Richtung und wurde eben deßhalb von Manchen nicht verstanden, während seine näheren Bekannten und Freunde seinen Werth wohl zu schätzen mußten. Sein Streben war nicht darauf gerichtet, irdische Schätze zu sammeln, allein reich an Verdiensten und guten Werken ist er in die Ewigkeit gegangen.

Die feierlichen Exequien fanden am folgenden Morgen in der St. Franciscus-Kirche statt, wo der älteste Sohn des Verstorbenen, der hochw. H. Ries, unter Assistenz der hochw. PP. Hieronymus und Aegidius für seinen Vater das hl. Opfer darbrachte und die Aussegnung der Leiche vornahm. Letztere wurde dann nach der vom hochw. P. Guardian Hieronymus gehaltenen Leichenrede nach dem Calvaria-Gottesacker überführt und dort unter den ergreifenden Klängen des von einer Anzahl Freunden gesungenen In paradisum beigesetzt. (Nekrolog in der Milw. „Columbia.")

19. Juni 1887. Am Sonntage innerhalb der Oktav des hl. Frohnleichnamsfestes wurde in der Gemeinde die Bruderschaft vom hlst. Herzen Jesu in der feierlichsten Weise canonisch errichtet. Nach einer Ansprache des für die Verbreitung der Herz-Jesu-Andacht so begeisterten Provincials, P. Franciscus Haas, wurden ca. 400 Personen in die Bruderschaft aufgenommen.

4. Okt. Das Patronsfest wurde auch dieses Jahr durch die Anwesenheit des hochwst. Herrn Erzbischofs verherrlicht, der in pontificalibus dem vom hochwst. Mgr. Batz celebrirten Hochamte beiwohnte. Der hochw. A. Decker hielt die Festpredigt. Der ganze Stadtklerus und eine Anzahl Priestern aus der Umgegend waren zugegen.

17. Dez. Priesterweihe des hochw. P. Joseph Wald, O. M. Cap., und des hochw. G. J. Muenzer, jetzt Pfarrer von St. Michael, Wis.

18. Dez. Bei der Primiz des hochw. P. Joseph predigte der hochw. Dr. Jac. Buecheler vom Salesianum.

7. Der hochw. P. Ignatius Ullrich, O. M. Cap.

Seit dem 15. März 1888 Guardian, ward es die Aufgabe des hochw. P. Ignatius für eine neue Schule zu sorgen. Die Zahl der Schulkinder war auf 475 gestiegen, die alte Schule sammt der in Schule umgewandelten alten Kirche, boten nicht mehr den nöthigen Raum zur Unterbringung der Kinder, am allerwenigsten zur entsprechenden Gradirung der Klassen. Er traf denn auch alsbald die Vorbereitungen für dieses wichtige durch die Noth gebotene Unternehmen. Uebrigens waren die Kirchenschulden auf $20,000 herabgeschmolzen, so daß der Bau in finanzieller Hinsicht kein allzu großes Wagniß war, wenn die Gemeinde sich dadurch auch neue Opfer auflegte.

8. April 1888. Weihe der St. Bonaventura und der St. Thomas Statue auf dem Hochaltar durch den hochwürdigen P. Ignatius.

20. Mai. Mit dem 40stündigen Gebete an den 3 Pfingsttagen wurde ein Triduum verbunden zu Ehren der Seligsprechung des seligen Felix von Nicosia, Bekenners aus dem Orden der Capuciner. Die feierliche Procession am Dienstag Abend hielt der hochwürdigste Herr Erzbischof und ertheilte darnach den hl. Segen, worauf ein feierliches Te Deum die schöne Feier zum Abschluß brachte.

2. August. Am Portiunkulafeste predigte der hochwürdigste Monsignor L. Batz.

4. Oktober. Am Patronsfeste celebrirte der hochwürdigste Mgr. Batz in Gegenwart des Herrn Erzbischofs, der sich zu unwohl befand, wie er es gewünscht, ein Pontifikalamt zu halten. Vor zahlreichem Stadtklerus predigte der hochwürdige J. M. Kasel.

11. November. An diesem Tage wurde die neue St. Bonifatius-Kirche und Schule eingesegnet. Die neue Gemeinde wurde theils von der St. Josephs-Kirche, theils von der St. Franciscus-Kirche abgeschnitten. Die Grenzen der Gemeinde erfuhren keine Veränderung, da nur gegen Norden und Nordwesten hin einigen früheren Gemeinde-Angehörigen der St. Franciscus-Kirche die St. Bonifacius-Kirche näher liegt. Aber wahr ist, daß eine beträchtliche Anzahl Familien in den Geschäftstheilen der Stadt, wozu auch ein Theil der Franciscus-Gemeinde zu zählen anfängt, ihr Eigenthum verkaufen und sich in der St. Bonifatius-Gemeinde, wo Grundstücke und Wohnungen noch wohlfeiler zu haben sind, ankaufen, und so um die Kirche herum eine neue Gemeinde bilden. Die Tabelle der Taufen, Erstkommunikanten u. s. w. zeigt für die ersten 3 Jahre daher doch eine kleine Verminderung.

Very Rev. Ignatius Ullrich, O. M. Cap.

Am 18. August 1889, um ¼ vor 8 Uhr, celebrirte der hochwürdigste Herr Erzbischof die hl. Messe. Während derselben reichte er den Firmlingen und dem St. Antonius Jünglingsverein die hl. Kommunion. Nach dem Hoch=amte, um 10 Uhr, ertheilte er 130 Personen, 77 nämlich von der St. Francis=cus=Gemeinde, die übrigen von der Heilig=Kreuz=Gemeinde und von Mequon das hl. Sakrament der Firmung.

Nachmittags unter starker Betheiligung der Geistlichkeit und einer großen Volksmenge vollzog der hochwürdigste Herr Erzbischof die Weihe der neuen Schule, vor welcher der St. Bonaventura=Verein und der St. Antonius Jüng=lings=Verein mit ihren Abzeichen Spalier bildeten. Der hochwürdige Spiritual P. M. Abbelen hielt eine beherzigenswerthe Rede über die Bedeutung der christlichen Schule, zumal in unsern Tagen des Indifferentismus, worauf der sakramentale Segen und Te Deum folgte. Der hochwürdige P. Antonius, damals Provincial, und die hochwürdigen Herren J. B. Baasen, L. Conrad, M. Ruckengruber, Thos. Fagan und andere waren zu diesem festlichen Anlasse erschienen.

Die Schule nach Plänen des Herrn H. P. Schnetzky erbaut, ist ein Pracht=bau, der den öffentlichen Schulgebäuden der Stadt ebenbürtig zur Seite steht, und an Zweckmäßigkeit der Einrichtung und der Tüchtigkeit der Lehrer und Lehrerinnen allen gerechten Anforderungen vollkommen entspricht. Das Ge=bäude enthält acht große Schulzimmer, eine Bibliothek, ein Cassino, und einige kleinere Zimmer, die nöthigenfalls für kleinere Klassen verwendet werden kön=nen. Im obersten der vier Stockwerke ist die geräumige Halle für Unterhaltun=gen und Vereinsversammlungen zweckdienlich eingerichtet. Leider mußte der Bau unternommen werden zu einer Zeit, wo das Baumaterial theuer und der Arbeitslohn hoch war, daher betrugen die Kosten der Aufführung $28,000.00. Eine bedeutende Mehrausgabe war auch dadurch verursacht worden, daß das Fundament theilweise sehr tief gelegt werden mußte, da ja an dieser Stelle ehe=mals ein Sumpf gewesen war. Die Contraktoren für die Maurerarbeit waren die Gebr. Kraatz, für die Schreinerarbeit W. Metz und Sohn.

4. Okt. Der hochwst. Herr Erzbischof assistirte dem feierlichen Hochamte am Patronsfeste. Mgr. L. Batz hielt die Festpredigt.

Der Ertrag der November-Fair zum Besten der neuen Schule betrug $6500.00, ein größerer Erfolg als je seit Gründung der Gemeinde.

Am 26. März, 1890 starb der hochwst. Erzbischof von Milwaukee, Michael Heiß, im St. Francisens Hospital in La Crosse. Am Montag den 31. März wurde er per Spezialzug nach Milwaukee gebracht. Am Bahnhof standen mehrere Vereine der Stadt um der Hülle des verstorbenen Hirten das Ehrengeleite zur Cathedrale zu geben. Bei der Ankunft des Zuges gab die

Glocke der St. Gallus-Kirche das Zeichen und sobald zeigten die Glocken aller Kirchen an, in welcher Trauer die Katholiken Milwaukee's versetzt worden.

Am 1. April fand in der Cathedrale der Leichengottesdienst statt im Beisein vieler Bischöfe und Priester. Nach demselben wurde die Leiche übertragen nach dem Seminar, dessen Mitgründer der sel. Erzbischof gewesen war. Alle Männer- und Jünglings- Vereine der Stadt, von der St. Franciscus-Kirche der St. Bonaventura- und der St. Antonius-Verein und die Kathol. Förster, gaben das Ehrengeleite bis an die Mitchelstraße.

In der St. Franciscus-Kirche wurde für den verstorbenen Erzbischof ein feierliches Requiem gehalten.

27. Juli 1890. Primiz des hochw. P. Paulus Reichertz, O. M. Cap. Er ist ein Kind der St. Josephs-Gemeinde, daher der hochw. H. J. Holzhauer ihm die Festpredigt hielt.

20. Okt. Massenversammlung gegen das Bennet-Gesetz. Mit welch glänzendem Erfolge ist noch in aller Erinnerung.

Am 19. Mai 1891 wurde die Prozession zum Schlusse des 40-stündigen Gebetes zum ersten Male verherrlicht durch die Gegenwart der Loyola Zouaves.

23. Mai. Priesterweihe der hochw. PP. Cyrillus Kufner, und Bernard Heilig.

31. Mai. 8 Uhr Primiz des hochw. P. Bernard, O. M. Cap.

Um 10 Uhr Frohnleichnamsprozession und Primiz des hochw. P. Cyrillus, O. M. Cap.

9.–14. Aug. Canonische Visitation des Conventes durch den hochwst. P. General des Capuciner-Ordens, P. Bernard (Christen) von Andermatt.

1.–15. Nov. 14-tägige Mission, gegeben von drei Patres der St. Louiser Franciscaner-Ordensprovinz PP. Polycarp, Paulus und Symphorian, O. S. F.

Im Laufe des Jahres 1892 wurde der östliche Flügel des Conventes erbant. Der Bau 113 bei 29 Fuß schließt sich an die St. Antonius-Kapelle auf der Südseite der Kirche an und schließt das Quadrat ab, welches Kloster und Kirche bilden. Dieser Flügel enthält die Wohnzellen der Priester, sowie die Sprech- und Fremdenzimmer. Ebenfalls je einen Hörsaal für die Philosophie und Theologie studierenden Kleriker. Gleichzeitig wurde der Chor um 13 Fuß verlängert und durch Entfernung des über demselben sich befindlichen Bibliothekzimmers um ein Bedeutendes erhöht. Durch die Freigebigkeit des Herrn Liebig wurde derselbe einfach aber recht hübsch decorirt und durch die Güte des Herrn Malers Lamprecht mit einem Gemälde, die Unbefleckte Empfängniß darstellend, ausgestattet. Auch die beiden schon vorhandenen Flügel erlitten eine bedeutende Umgestaltung. Die Kosten, die natürlich von der Ordensprovinz, nicht von der Gemeinde, getragen wurden, beliefen sich auf

Most Rev. Michael Heiss, D. D.

$17,000. Die Mauerarbeit übernahm Herr A. Steigerwald, die Schreinerarbeit Herr W. Metz.

Noch war der Bau nicht bewohnt, als er schon in Gefahr stund, von Flammen verzehrt zu werden. Zur Erprobung des neuen Heizapparates hatten die Arbeiter Feuer angelegt in einem der Boilers. Es stellte sich aber bald heraus, daß derselbe fehlerhaft sei. Man nahm deßhalb das Feuer heraus und warf es mit unverzeihlicher Fahrlässigkeit auf den Haufen der im Kellerraume schon vorhandenen Kohlen, in der Meinung, die glühenden Kohlen würden an der Luft schnell erlöschen. Die Arbeiter waren schon fort, da merkte man im ganzen Hause und in der Kirche einen starken Gasgeruch, es dauerte aber lange, ehe man daran dachte im neuen Keller nachzusehen. Als dies doch endlich geschah, schlugen die blauen Flammen schon hoch aus dem Kohlenhaufen hervor, und da beim Löschversuche die oberen Kohlen nachfielen und die Glut bedeckten, bedurfte es einer halbstündigen Arbeit, bis alle Gefahr vorüber war. Dank der göttlichen Vorsehung!

Doch sollte bald der Feuerdämon einen zweiten Versuch machen, Kirche und Kloster zu zerstören; diesmal nicht ohne theilweisen Erfolg. Am Morgen des 19. April 1893 wollte ein Mann das St. Josephs-Hospital besuchen, ging aber erst in die Kirche, um in seinem Anliegen zu beten. Er bemerkte in einem der Beichtstühle ein Licht. Es war ihm auffallend, aber er sah nicht weiter nach. Er ging in das Hospital, kam aber bald darauf mit P. Lucas aus demselben zurück, als beide aus einem der Kirchenfenster dichten Rauch hervordringen sahen. Mittlerweile war auch im Kloster der Rauch bemerkt worden. Alle Fenster und Thüren der Kirche waren zu, und beim Versuche die Thüre zu öffnen, machte eine intensive Hitze dieses unmöglich. Sogleich gab ein Bruder den Feueralarm und im Augenblick war die Feuerwehr zur Hand. Die Feuerwehr ließ nicht zu, daß ein Priester sich in den heißen Qualm wagte, um das Allerheiligste aus dem Tabernakel zu holen. Um das Feuer in dem dichten Rauche auch nur zu finden, mußten die Feuerleute die Fenster einschlagen, den Wasserstrahl nach verschiedenen Seiten hinrichten, bis sie am Zischen und Prasseln den Herd des Feuers entdeckten. Beim Blick in die Kirche bedauerte der Chef der Feuerwehr die Zerstörung des schönen Baues. Daher gab er sogleich Befehl, das Wasser zu schonen und wo möglich mit den chemischen Spritzen das Feuer zu bewältigen, was auch, Gott sei es gedankt, nach 20 Minuten gelang. Jetzt erst konnte man das Werk der Verwüstung überschauen. Der letzte Beichtstuhl auf der Marienseite war ausgebrannt, über demselben hatten die Flammen das Fensterblei geschmolzen und waren durch das anstoßende Krankenzimmer und ein zweites Zimmer geschossen, und hatten diese theilweise ausgebrannt. Neben dem Beichtstuhle waren zwei der kunstvoll geschnitzten Stationen verbrannt, vor denselben etwa

81

20 Bänke und der Boden verbrannt. Von der Hitze waren die Kapitäle an den nahestehenden Säulen großentheils zerbröckelt, und hatten Kanzel, Statio= nen, selbst die auf der entgegengesetzten Seite, das Gemälde am Antonius Altar und nicht minder das am Hochaltar durch zahlreiche Blasen beschädigt sehr ge= litten. Wände und Decke waren mit dichtem Ruß überzogen. Mehrere der Kirchenfenster waren zerstört worden. Dem tapferen Einschreiten der Feuer= wehr und ihrer schonenden Sorgfalt ist es nebst Gott zu danken, daß der Scha= den nicht weit größer geworden ist. Wie es war, wurde der Schaden allgemein auf $10,000 geschätzt. Von den Versicherungsgesellschaften erhielt die Kirche später $6,500 zugesprochen.

Die große Hitze, wodurch am Hochaltar, der doch von dem Feuer ziemlich entfernt stand, die Kerzen schmolzen, und der ungemein dichte Rauch ließen sich erklären, als man beim Aufbrechen des halbverbrannten Fußbodens vor dem verbrannten Beichtstuhl das Holz mit Oel getränkt fand.

Wir enthalten uns, unseren Vermuthungen über die Person des Brand= stifters Ausdruck zu verleihen, aber die Thatsache der Brandstiftung steht fest, abgesehen davon, daß um diese Zeit in mehreren Kirchen Brandstiftungs= versuche gemacht worden waren.

Sogleich wurde die Restauration der Kirche in Angriff genommen. Das Verbrannte wurde ersetzt, alles Holzwerk der Kirche neu angestrichen, die Altäre und Wände neu decorirt, und zudem die lang geplante Ausfüllung der großen Felder des Mittelschiffes durch einen Gemälde=Cyclus von Darstellungen aus dem Leben des hl. Franciscus verwirklicht.

Vor dem Brande waren die Wände des Mittelschiffes unter dem Clere= Story nicht gelattet gewesen, in Folge dessen die Wände sich mit Salpeterhaltigen Salzen überzogen, welche in feuchtem Wetter von den Wänden rannen und die Decoration verunstalteten. Um diesem Uebelstande abzuhelfen wurden jetzt die Latten angebracht und die Wände mit Adamant überzogen. Dem gleichen Uebelstande wurde auch abgeholfen an dem großen Gemälde über dem Sank= tuarium. Ueber ein Jahr dauerten die Arbeiten der Restauration und kosteten über $10,000.

Als Alles vollendet war, wurde eines Abends um 9 Uhr wieder in der Kirche ein Feuer entdeckt, doch war der Schreck größer als der Schaden. Es war durch die Unvorsichtigkeit eines Arbeiters entstanden, und hätte in der Nacht verhängnißvoll werden können.

Die herrlichen Gemälde sind Geschenke von Gemeindemitgliedern oder Wohlthätern der Gemeinde, welche sich dadurch ein bleibendes Denkmal ihres Eifers für die Zierde des Hauses Gottes gesetzt haben. Dem gläubigen Beter sind sie eine beständige anschauliche Predigt, die nicht wie das Wort des Red= ners zu flüchtig an seinem Ohr vorüberrauscht und seinem Gedächtnisse ent=

schwindet. Mit Muße kann er die erhabenen Tugenden schauen, die St. Franciscus geübt, und durch die geheimnißvolle Macht des Künstlers zu erneuter Kraft begeistert mit der Gnade Gottes die Nachahmung derselben sich zur Lebensaufgabe machen.

In der sicheren Annahme, daß eine kurze erklärende Beschreibung dieser Gemälde dem frommen Leser sehr erwünscht sei, lassen wir eine solche hier folgen.

Erstes Gemälde auf der rechten Seite, der Kanzel gegenüber, „Die Entsagung," Geschenk des Herrn C. H. Stehling ($250.00.) Der hl. Franciscus hatte von Gott den unverkennbaren Beruf erhalten, die hl. Armuth, die Jesus Christus geübt, wieder zu Ehren zu bringen, in einer Zeit, wo die Welt mehr als je seit den Tagen der römischen Cäsaren von Ehrgeiz, Genußsucht und Schwelgerei mit Unterdrückung der Armen beherrscht wurde. St. Franciscus verließ die Eitelkeiten der Welt, die bisher sein Herz gefesselt hatte und zog sich in die Einsamkeit zurück, um sich auf seinen hl. Beruf vorzubereiten. Als er den Willen Gottes, erkannt verließ er die Einsamkeit öfter, bald um über göttliche Dinge zu reden, bald um allerlei Werke der Barmherzigkeit zu üben. Den Armen spendete er Geld, Nahrungsmittel und oft seine eigenen prachtvollen Gewänder, während er selbst die Lumpen der Armen anzog. Seine Almosen hatten keine Grenzen. Der reiche Vater widerstand mit der ungerechtesten Hartnäckigkeit dem Berufe seines Sohnes, legte ihm alle erdenklichen Hindernisse in den Weg und klagte ihn endlich an vor dem bürgerlichen Gerichte, um ihn zu enterben. Da derselbe sich aber incompetent erklärte, über St. Franciscus, als Diener Gottes zu gericht zu sitzen, wurde er dem geistlichen Gerichte überwiesen. Er wurde daher vor den damaligen Bischof von Assisi, Don Guido Sekundi geladen, um sich zu verantworten. Der würdige Prälat erkannte die Absichten Gottes mit Franciscus, und mit väterlicher Milde munterte er Franciscus auf im Vertrauen auf Gott dem Vater zu erstatten, was ihm gehöre. Durch die Worte des Bischofs begeistert und vom hl. Geiste erfüllt antwortete Franciscus: „Hochwürdiger Herr! ich werde meinem Vater Alles, was ihm gehört, und sogar die Kleider, die ich trage, wiedergeben."

Darauf legte er seine Oberkleider ab, und legte sie zu den Füßen des Pralaten nieder, indem er in einem Tone, der alle Anwesenden durchbebte, ausrief: „Höret und verstehet: Bis heute habe ich Peter Bernardone meinen Vater genannt; von jetzt an kann ich laut sagen: Vater unser, der Du bist im Himmel! in Dich habe ich alle meine Schätze niedergelegt und alle meine Hoffnung auf Dich gesetzt." Man brachte den Mantel eines armen beim Bischofe bediensteten Landmannes. Franciscus hüllte sich in denselben, und entfernte sich, glücklich, daß er kein anderes Gut besitze und zu erwarten habe als Gott. Dies geschah im Jahre 1207.

Der Maler zeigte uns Don Guido mit einem dienenden Priester, den Vater in reichem Gewande den grimmigen Blick auf den Sohu gerichtet, zur rechten die mitleidig weinende Mutter, die hl. Pika, mit einer tröstenden Dienerin, am Rande den Diener, der mit dem ärmlichen Mantel herbeieilt, in der Mitte den 25=jährigen Jüngling, der bereits sein reiches Obergewand und die prächtige Mütze auf den Boden gelegt, und nun noch in der linken ein Gewand haltend die rechte zum Himmel emporhebt und Gott als seinen alleinigen Vater bekennt. Der offene Balkon gestattet die Aussicht auf Umbriens reizende Landschaft.

Das zweite Gemälde „Die Bestätigung der Regel des I. Ordens." Geschenk der Familie Lutfring. ($250.00.)

Da der hl. Franciscus sah, daß die Zahl jener, die seine Lebensweise annehmen wollten, sich fortwährend vermehrte, schrieb er für sich und seine Brüder durch göttliche Eingebung erleuchtet eine Regel. Um die Bestätigung dieser Regel zu erlangen begab er sich im Jahre 1209 mit seinen elf Gefährten nach Rom. Damals saß der berühmte Papst Innocenz III. auf dem päpstlichen Throne. Durch die Vermittlung des Bischofs Guido von Assisi, der sich gerade in Rom aufhielt, erfreute sich Franciscus der Fürsprache der beiden Cardinäle Johannes von St. Paulus und Ugolino, später als Gregor IX. selbst Papst. Innocenz III. wies ihn in der ersten Audienz ab. Aber durch eine himmlische Erscheinung von der Heiligkeit des Franciscus überzeugt, ließ er ihn abermals rufen, und umgeben von den Cardinälen hörte er ihn nochmals an. Obwohl nun einige Cardinäle fürchteten, daß die neue Ordensstiftung sich als eine gefährliche Neuerung in der Kirche erweisen würde, erwies ihm der Papst dennoch besonders Wohlwollen.

„Wahrlich das ist der Mann, welcher die Kirche Gottes durch seine Lehren und seine Werke stützen wird!" rief der Papst aus, indem er auf die erwähnte Erscheinung anspielte, die er jetzt den Cardinälen erzählte. Ohne weitere Berathung genehmigte der Papst nun mündlich die Regel des hl. Franciscus, setzte ihn als Generalobern der gegenwärtigen und zukünftigen „Minderen Brüder" ein. Dem hl. Stifter ertheilte er die Diakonatsweihe und seinen Gefährten die Tonsur, erlaubte ihnen überall ganz frei zu predigen, ließ sie zur Ablegung der Klostergelübde zu, gab ihnen den apostolischen Segen und entließ sie, nachdem er sie alle umarmt hatte.

Das Gemälde stellt den hl. Franciscus dar, wie er in zuversichtlichem Tone dem Papste die hl. Regel vorliest, und seine Gefährten in demüthiger Haltung der Entscheidung des Papstes harren. Ein Gemälde im Hintergrunde zeigt die Uebergabe der Schlüsselgewalt des Petrus, von dem sie übergegangen auf alle Nachfolger Petri, und vermöge welcher jetzt Innozenz III.

St Francis Blessing Assisi.   Der heil. Franziskus segnet Assisi.

St. Francis Preaching to the Sultan.
Der heil. Franziskus predigt vor dem Sultan.

das Institut des hl. Franciscus auf ewige Zeiten gutheißt und mit seinem Segen kräftigt.

Drittes Gemälde. „Franciscus vor dem Sultan." Geschenk des Herrn J. G. Meyer. ($250.00).

Der Seeleneifer trieb den hl. Franciscus an nicht nur den Christen zu predigen, sondern auch mit Aufopferung seines Lebens um Christi Willen auch den Türken das Evangelium zu verkünden und ihnen die Segnungen des Christenthums zu überbringen. Im Lager der Kreuzfahrer vor Damiette angekommen im Jahre 1219, begab er sich mit einem Gefährten ins feindliche Lager. Eine Truppe Araber nahm ihn und seinen Gefährten alsbald gefangen, beschimpfte und mißhandelte sie, und führte sie endlich mit Ketten beladen vor Sultan Meledin, der für jedes Christenhaupt ein Goldstück ($10.00) versprochen hatte. „Wer schickt euch, und wozu seid ihr hierhergekommen," fragte dieser barsch. Da antwortete mit himmlischer Sanftmuth und Ruhe der hl. Franciscus: „Nicht ein Mensch, sondern der Allerhöchste sendet mich, Dir und Deinem Volke die frohe Botschaft des Evangeliums und die Wahrheiten des Heils zu verkünden." Darauf erklärte er die Geheimnisse des hl. Glaubens mit solcher Kraft der Beredtsamkeit und mit solch heiliger Salbung und zugleich männlicher Unerschrockenheit, daß der wilde Fürst, wie bezaubert, voll Erregung den Worten des Heiligen lauschte. Zum größten Erstaunen Aller hörte er Franciscus mehrere Tage an und lud ihn sogar ein, bei ihm zu bleiben. Nachdem er ihm heimlich gesagt hatte: „Bete für mich, daß der Allerhöchste mir zu erkennen gebe, welches die wahre Religion ist," ließ er ihn ehrenvoll nach dem Lager der Christen zurückbegleiten.

Unser Gemälde zeigt uns den hl. Franciscus im Zelte des Sultans. Die schwere Kette hindert ihn nicht, dem Sultan das Kreuz entgegen zu halten, während die linke auf die Liebe des Gekreuzigten hinweist. Unverwandt hält der Sultan den Blick auf Franciscus geheftet, während der ältere der beiden Rathgeber, die zu beiden Seiten des Fürsten auf dem reichen Divan ruhen, ernstlich sinnend vor sich niederschaut. Selbst der schwarze Sklave schaut, Tambourine und Pfauenfächer ganz vergessend, verwundert hin auf den wunderbaren Redner. In der Ferne gewahrt man das Lager der Mohamedaner und einige feindliche Krieger. Die vortreffliche Perspektive dieses Bildes ist besonderer Beachtung werth.

Viertes Gemälde, dem eben beschriebenen gegenüber, „Gewährung des Portiunkula-Ablasses." Geschenk der Familie Natus. ($250.00.)

Zwei Jahre nachdem der hl. Franciscus in einer himmlischen Erscheinung in der kleinen Kirche zu Portiunkula durch die Fürbitte Mariens den Portiunkula-Ablaß, und auch die Bestätigung dieses Ablasses durch den

Stellvertreter Christi auf Erden erlangt hatte im Jahre 1221, betete er in stiller Wintersnacht in seiner Zelle. Da beschlich ihn eine Versuchung zur Schonung seiner Gesundheit seine Bußübungen zu mildern. Um diese Versuchung um so leichter zu überwinden, eilte Franciscus hinaus, legte seine Kleider ab und wälzte sich im Schnee unter Disteln und Dornen. Gott lohnte diese Heldenmüthige That mit einer Erscheinung. Ein blendendes Licht umfloß ihn, die von seinem Blute gerötheten Dornen wurden in einem Augenblick in weiße und rothe Rosen verwandelt, die Engel erschienen und luden ihn ein, ihnen in die Kirche zu folgen, wo der Erlöser der Menschen mit seiner allerseligsten Mutter ihn erwarte. Franciscus pflückte einige dieser geheimnißvollen Rosen und begab sich damit in die Kirche.

Hier war Jesus, wie bei der ersten Erscheinung, auf einem Lichtthrone, die Königin des Himmels zu seiner Rechten und Tausende von Engeln um sie her. Nach einem Akte ehrfurchtsvoller Anbetung legte Franciscus die Rosen auf den Altar nieder und bat dann den Herrn, er möchte doch den Tag bestimmen, an welchem durch den verheißenen Ablaß die Seelen gewonnen werden könnten. Da antwortete der Heiland liebevoll: „Ich will, daß es der Tag sei, an dem ich die Ketten Petri, des Fürsten meiner Apostel, sprengte, von der ersten Vesper an, bis zum Abend des folgenden Tages." Auch dieses Mal befahl der Heiland, daß Franciscus die Bestätigung des Papstes nachsuche, worauf die Erscheinung verschwand.

Das Gemälde zeigt nebst den Engeln und Engelsköpfen nur die Figur des Heilandes, Mariens und des hl. Franciscus, um so mächtiger ist die Wirkung des Gesichtsausdruckes und die Haltung der Personen.

Fünftes Gemälde. „Franciscus segnet Assisi." Geschenk der Frau M. Schmidt. ($250.00).

Als der hl. Franciscus sein Ende herannahen fühlte, segnete er nochmals seinen ersten Orden in der Person des Bruder Elias. Auch der hl. Clara mit ihren Schülerinnen sandte er seinen letzten Segen, dann bat er die Brüder ihn nach Portiunkula zu bringen, dort wollte er sterben. Es war in den letzten Tagen des September im J. 1226. Der Heilige wurde in einer Sänfte getragen. Als man in die Ebene, ungefähr auf die Mitte des Weges zwischen der Stadt und dem Kloster gekommen war, fragte er, ob er schon dem Krankenhause gegenüber sei, worin er während der ersten Zeit seiner Bekehrung die Aussätzigen so gerne gepflegt hatte. Auf die bejahende Antwort hin sprach er: „Kehret mich der Stadt zu." Darauf erhob er sich mit großer Anstrengung: sein linker Arm war auf einen seiner Mitbrüder gelehnt, seine rechte Hand gegen Assisi ausgestreckt und seine Augen zum Himmel erhoben. Er sprach dann diesen feierlichen Segen: „Möge Gott dich segnen, Stadt Assisi! weil viele Seelen in Dir und durch Dich gerettet werden. Der Allerhöchste wird

86

St. Anthony's Altar.   Altar des heil. Antonius.

zahllose Diener in Deinen Mauern zählen, und eine große Zahl Deiner Kinder werden für die ewigen Wohnungen auserwählt werden. Friede sei mit Dir!"

Sechstes Gemälde. „Tod des hl. Franciscus". Geschenk des Herrn H. Traudt. ($250.00.)

Wie er in der äußersten Armuth gelebt, so wollte der hl. Franciscus, dem sterbenden Heilande ähnlich, auch im Tode nichts sein eigen nennen. Darum legte er sein Oberkleid ab, und nur mit einem rauhen Bußhemde bedeckt, ließ er sich auf die mit Asche bestreute Erde niederlegen. In dieser Lage ließ er sich über das bittere Leiden unseres Herrn Jesu Christi vorlesen. Darnach stimmte er mit sterbender Stimme den 141. Psalm an. Bei den Worten: „Führe aus dem Kerker meine Seele, damit ich preise Deinen Namen. Die Gerechten warten mein, bis du mir wohlthuest", stieg seine Seele zum Himmel auf am 4. Oktober 1226.

Dem Einen oder Anderen wollte die Scene zu ergreifend sein. Es zeigt uns das, wie naturgetreu der Künstler den feierlich ernsten Augenblick erfaßt und dargestellt hat.

Den Höhepunkt der Verähnlichung mit Jesus Christus erlangte Franciscus in der Stigmatisation, oder der Ertheilung der Wundmale auf dem Berge Alverna, am 14. September 1224, daher dieses Moment seines Lebens als Altarbild den Hochaltar ziert. Die Stigmatisation des hl. Franciscus erzählt der hl. Bonaventura also:

„Als gegen das Fest der Kreuzerhöhung Franciscus auf der Seite des Berges Alverna eines Morgens im Gebete vertieft war, erhob er sich durch die seraph. Flamme seiner Sehnsucht zu Gott; innige Zärtlichkeit und glühendes Mitgefühl wandelte ihn gleichsam in Jenen um, der aus Uebermaß seiner Liebe für uns gekreuziget werden wollte. Es däuchte ihm einen Seraph zu sehen, mit sechs glänzenden Flügeln und ganz umstrahlt von Feuer, der von der Höhe des Himmels zu ihm herniedersank. Im raschen Fluge ließ sich der Seraph ihm zur Seite nieder. Zwischen seinen Flügeln erschien das Bild des Gekreuzigten, Hände und Füße an einem Kreuze ausgestreckt und angenagelt. Bei diesem Anblick wurde Franciscus sehr ergriffen, eine mit Wehmuth vermischte Freude durchströmte seine Seele; die Gegenwart Jesu Christi unter den Flügeln eines Seraphs erfüllte sein Herz mit unaussprechlicher Wonne, und der schmerzliche Anblick seiner Kreuzigung entflammte in ihm verzehrende Gefühle des Mitleids und seine Seele war wie mit einem Schwerte durchbohrt. Nach einer verborgenen und vertraulichen Unterhaltung verschwand das Gesicht; seine Seele aber blieb durchflammt von seraphinischer Gluth, und äußerlich war sein Körper wie mit einem Kreuze bezeichnet; sogleich begannen die Nagelzeichen an Händen und Füßen zum Vorschein zu kommen, sowie er sie am Bilde des ihm erschienenen Gekreuzigten gesehen hatte. Auch auf seiner linken

87

Seite hat Franciscus eine Wunde, als wäre er mit einer Lanze durchstochen worden. Wir beten dich an, Herr Jesu Christe und benedeien dich, denn durch dein hl. Kreuz hast du die ganze Welt erlöst."

In der Nähe der Orgel befinden sich zwei kleinere Gemälde, die nicht eigentlich zum historischen Cyclus gehören. Das auf der rechten Seite, ein Geschenk des Herrn C. Forster, ($150.00) stellt den hl. Franciscus dar als „Freund der Natur". Wegen der Nähe der Gallerie haben diese Bilder keinen weiteren architektonischen Hintergrund, sondern dieses zeigt den hl. Franciscus im Walde von den Thieren umgeben. Wie die Thiere den sündenlosen Adam nicht fürchteten und ihm nicht schadeten, sondern in ihm den Herrn der Schöpfnng ehrten, so liebten sie den unschuldigen Franciscus, der sie seine Brüder, seine Schwestern nannte, und das paradiesische Verhältniß wiederher= stellte. Besonders liebte er die schwachen und sanften unter ihnen und diejeni= gen, welche die hl. Schrift als Sinnbilder des Erlösers und des hl. Geistes bezeichnet, wie die Lämmer und die kleinen Vögel, und er beschützte sie gern gegen Gewaltthätigkeit. Aber auch die wildesten konnte er durch einen einfachen Blick besänftigen und seinen sanften Worten fügsam machen.

Ein anderes Bild, diesem gegenüber, ein Geschenk des Herrn D. Sueß und A. Dorrler, ($150.00) zeigt den heiligen Franciscus auf der Landstraße, wo die Armen und Aussätzigen die Vorübergehenden um ein Almosen ansprechen. Franciscus zeigt sich da als Freund und „Vater der Armen". Die Verehrung für die Aussätzigen, die er am Anfange seiner Bekehrung gefaßt, behielt er die ganze Zeit seines Lebens bei und wirkte selbst Wunder, um diesen Unglücklichen zu helfen.

Es bleibt uns noch ein Gemälde zu erklären übrig. Es ist das an der Wand der St. Antonius=Kapelle. Auch dieses ist nicht ein historisches, sondern symbolisches Gemälde. Es stellt den hl. Franciscus dar als Stifter des III. Ordens, vom hl. Geiste überstrahlt auf die Regel des III. Ordens hinweisend, umgeben von den hervorragendsten Heiligen des III. Ordens, zu seiner Rechten den hl. König Ludwig, als Patron des III. Ordens, den hl. Luchesius, das erste Mitglied dieses Ordens, und Papst Nikolaus IV., der diese Regel bestätigt hat. Zur Linken befindet sich die hl. Elisabeth, Patronin des Ordens, die hl. Rosa von Viterbo mit der sinnbildlichen Rose, und die hl. Büßerin Marga= retha von Cortona mit den Leidenswerkzeugen.

Das Bild am Antonius=Altar, ebenfalls vom Herrn Lamprecht gemalt und nach dem Brande aufgefrischt, ist leicht verständlich. Wer kennt nicht Antonius mit dem Jesu=Kinde? Doch scheint dieses Bild eine besondere An= ziehungskraft zu besitzen, so zahlreiche Beter finden wir, besonders an den dem hl. Antonius geweihten Dienstagen vor demselben ihre Andacht verrichten.

St. Francis Instituting the Third Order.

Der heil. Franziskus stiftet den Dritten Orden.

Nach dem Brande wurde der alte St. Antonius-Altar durch einen neuen, schöneren ersetzt, doch wurde das alte Gemälde, das von Herrn Lamprecht restaurirt worden in den Rahmen des neuen Altars eingefügt. Der Altar ist ein Geschenk der Frau Adelheid Klein ($300) und der Frau Miller ($200); und wurde wiederholt gelobt als der geschmackvollste, wenn nicht auch der größte und kostbarste, den der treffliche Altarbauer Herr E. Brielmaier bisher angefertigt hat. Das reiche, fein ausgeführte Schnitzwerk wird mit der vortheilhaftesten Wirkung hervorgehoben durch die zarte und verständnißvolle Einfassung des Herrn Dekorateurs Liebig.

Wenn auch der frühere Antonius-Altar als zugestutzter Hochaltar noch ein theueres Andenken war aus der alten Kirche, so war diese Aenderung doch berechtigt. Einmal sollte durch dieses Zeichen der Verehrung der hl. Antonius bestimmt werden, in der Zukunft die Kirche vor Gefahr zu bewahren. Dann aber auch forderte die beständig zunehmende Verehrung des hl. Antonius, daß dieser Altar an Schönheit den anderen nicht nachstehe. Fast jeden Dienstag wird zu Ehren des hl. Antonius an diesem Altare ein Hochamt gesungen. Seitdem Papst Leo XIII. für die Kirchen, wo an Dienstagen die Aussetzung zu Ehren des hl. Antonius gehalten wird, jedesmal einen vollkommenen Ablaß gewährt, nahen sich auch viele an diesem Tage dem Tische des Herrn. Es kommen häufig Fremde, die am Dienstage ihre Andacht in dieser Kirche vor dem Bilde des hl. Antonius verrichten oder auch ihm zu Ehren die hl. Sakramente empfangen. Das erklärt die große Zunahme der Kommunionen im letzten Jahr. Es waren:

1890	1891	1892	1893	1894
17,710	19,214	19,830	21,260	24,620

In der richtigen Annahme, daß die Malerei dem Gesammtzwecke und der ganzen architektonischen Anlage dienen müsse, hatte man beim Bau der Kirche im Jahre 1877 es dem Architekten übertragen, die Zeichnungen für die dekorative Malerei selbst zu entwerfen, wenigstens in den allgemeinen Umrissen. Deßhalb hatte auch schon die erste Dekoration bei aller Einfachheit eine solche harmonische Wirkung.

Bei der Restauration wollte man diesem Zweige der kirchlichen Kunst nicht weniger Aufmerksamkeit und Sorgfalt widmen. Nachdem sich aber eine hinreichende Anzahl von Wohlthätern gefunden, welche die Opfer bringen wollten, die die kunstvollen Wandgemälde fordern würden, mußte die Dekorationsmalerei diese in würdiger Weise umrahmen und zum Cyclus verketten.

Der Firma Liebig u. Co. von Milwaukee gebührt das Lob, ohne Rücksicht auf pecuniären Gewinn aus reiner Liebe zur Kunst gearbeitet zu haben. Die ganze Ausführung zeigt nicht blos Geschick in Anwendung und Anordnung der

Farben, sondern zeigt tiefes Verständniß der kirchlichen Architektur und der katholischen Symbolik.

Dem Style der Kirche entsprechend herrschen die neutralen Farben vor. Der Grundton der Wände und Decke ist ein dem Auge wohlthuendes grüngelbes Ochre. Die Säulen und Pfeiler, sowie die Säulen= und Mauersockel sind eine dauerhafte Marmor=Imitation, welche an Glanz und Schönheit dem Naturmarmor nicht viel nachsteht, so oft wurden dieselben angestrichen, gespachtelt, abgeschliffen und gefirnißt. Die Verschiedenheit der Farben an den marmorisirten Theilen thut der Harmonie des Ganzen keinen Eintrag. Während die Sockel und dessen Gesimse schwarz=grau gehalten sind, haben die Umfassungsmauern unterhalb des Gesimses wie die Säulen und die Pilaster der Seitenschiffe eine bräunliche Farbe. Die Säulen. welche die Bogen des Mittelschiffes tragen, sind abwechselnd achteckig, und viereckig. Von letzteren, welche zu je vier ein vollständiges Quadrat bilden, heben sich runde Halbsäulen ab, welche die fünf Kreuzgewölbe des Mittelschiffes tragen, und in der Farbe grünen Meermarmors die Felder für die Wandgemälde abgränzen. Die Frieseinfassung der Wandflächen und der Fenster ist überall reich und sorgfältig ausgeführt ohne irgendwo den Eindruck des Ueberladenen hervorzurufen. Das Presbyterium zeigt eine reichere Teppichmalerei, und da die Wände desselben keine passenden Flächen zu Gemälden bieten, so schmücken symbolische Darstellungen von Seraphinen die Felder des Gewölbes um die Gegenwart des Allerheiligsten anzuzeigen.

Mit David können wir jetzt im Gebete rufen: „Herr, ich liebe die Pracht Deines Hauses, und den Ort der Wohnung Deiner Herrlichkeit.—Pf. 25, 8.

25. Juli. Priesterweihe der hochw. PP. Athanasius Koplitz, O. M. Cap., und Hilarius Stromberg, O. M. Cap.

30. Juli. Primiz des hochw. P. Athanasius um 8 Uhr. 10 Uhr Primiz des hochwürdigen P. Hilarius.

Der Winter 1893=94 drohte wegen der finanziellen Crisis und der sie begleitenden Geschäftsstockung für die Armen recht hart zu werden. Daher faßten einige Mitglieder des III. Ordens den Entschluß zu arbeiten an der Linderung der Noth. Das Hauptverdienst gebührt Frl. Jessie Schley. Sie faßte den Plan, ein Lokal zu miethen und eine Küche einzurichten für die Armen. Die Mitglieder des III. Ordens sollten theils die Nahrungsmittel und dgl. collektiren bei den reicheren Geschäftsleuten, theils in der Küche das Kochen und Verabreichen der Speisen besorgen. Die Mahlzeit sollte Einen Cent kosten. Durch diese Einnahmen sollten die kleineren unvermeidlichen Auslagen bestritten werden, zugleich sollte durch diesen kleinen Beitrag den verschämten Armen der Zutritt erleichtert werden. Der Segen Gottes war offenbar bei diesem Werke. Zuerst wollte man die Küche auf der Ostseite eröffnen, dort war ein geeignetes Lokal und einige Wirthe wollten die nöthigen Tische und Stühle leihen, jemand auch einen Ofen schenken. Aber auf der Ostseite waren etwa 75 hilfsbedürftige Familien, während auf der Südseite 400 Familien darben mußten. Daher sah man sich um auf der Südseite im Polenviertel. Der wegen seiner Wohlthätigkeit bekannte Brauer Pabst stellte einen Saloon mit Einrichtung zur Verfügung, mehrere Personen sagten ihre Mitwirkung zu. Als man nun dem hochw. Hr. Gulski, in dessen Gemeinde sich die Küche befinden würde, mit dem Plan bekannt machte, bot er zu diesem Zwecke die unteren Räume seiner neuen Halle an. Dort war außer einem großen Saale mit zahlreichen Tischen eine Küche mit warmen und kalten Wasser, kurz die zweckdienlichste Einrichtnng. Unter dem Namen St. Francis Kitchen, die über der Halle angebracht wurde, wurde die Anstalt eröffnet am 8. Dez. und blieb offen bis zum 1. Apr. des folgenden Jahres. Etwa 6,000 Mahlzeiten wurden hier verabreicht.

Unseren Gemeinde-Mitgliedern schien die Küche auf der Südseite doch zu weit entfernt um unsern Armen den nöthigen Beistand zu leisten. Daher wurde beschlossen auch auf der Nordseite eine Küche unter demselben Namen einzurichten. Capt. Pabst überließ der Gemeinde den Saloon an der Ecke der 4ten und Lloyd-Straße unentgeltlich. Die Männer und Jünglinge der Gemeinde kollektirten Nahrungsmittel, Kleidung und Geldbeiträge, die Frauen und Jungfrauen kochten oder halfen beim Kollektiren. Auch diese Küche war offen vom 8. Dez. bis zum 1. April und verabreichte 5500 Mahlzeiten. Wir sagen Mahlzeiten, denn nicht blos eine kräftige Suppe wurde gereicht, sondern die Armen erhielten zur Genüge Brod, Butter, Fleisch, Kartoffel und andere Gemüse, Kaffee oder Thee in der appetitlichsten und freundlichsten Weise servirt. Der Cent wurde nicht gefordert, vielmehr wurde Mehreren die Miethe bezahlt, oder der Arzt und Apotheker. Zudem wurde eine große Menge von Kleidern und Schuhen vertheilt. Daß der Eine oder der Andere diese Güte mißbraucht hat, war nicht zu vermeiden, war sogar vorauszusehen; von Seiten der Verwaltung wurden die geeignetsten Klugheitsmaßregeln angewandt. Man hatte für beide Küchen Karten drucken lassen, welche gut waren für eine Mahlzeit, andere die gut waren für 12 Mahlzeiten, worauf dann jedesmal eine Ziffer gestrichen wurde. Diese Karten wurden dann vertheilt an die Priester, Prediger und Rabbiner der Stadt, damit diese dieselben mit ihrer Unterschrift versehen an ihre Armen vertheilen. Die Geschäftsleute erkannten diese Sorgfalt auch recht wohl an, und gaben gern und freigebig, da sie ihre Wohlthaten gut angebracht wußten. Die Firma John B. A. Keru schenkte jede Woche 8 Faß Mehl, Capt. Pabst eine große Menge Fleisch, Bohnen, u. s. w. Dieser gab eine Tonne Kohlen, jener ein Cord Holz, wieder ein anderer einen halben Ochsen. Die Polizei-Behörde und die Verwaltung des House of Correction gaben nach

dem Berichte des State Conference of Charities and Cor[
ab, daß niemals eine so geringe Anzahl von Verhaftun[
und Trunksucht vorgekommen als in diesem Winter, und [
dem wohlthätigen Einflusse der freien Küchen zu. Am
Anschein als würde der Proviant nicht fehlen, wollte man
die Küche offen halten. Besonders in der kleinen Küche
war die Arbeit sehr schwer, dennoch fanden sich Frauen [
blos vom III. Orden, welche um Gotteslohn die Arbeit
Lohn wird ihnen auch nicht ausbleiben.

Durch das große Feuer, das am 28. Nov. 1892 b[
suchte, wurden viele englisch redende Katholiken gezwunge[
Heim zu suchen. Viele zogen in den Bezirk der St. [
besuchten aber die Predigt in der St. Gall's oder Holy [
dem nun diese beiden Kirchen in der entfernt liegenden [
haben die englischen Priester gebeten, daß in der Franci
englische Predigt gehalten werde. Dies geschieht nun sei
Uhr Messe an Sonntagen und Festtagen.

29. Juni. Priesterweihe der hochwürdigen PP.
O. M. Cap., und Markus Buscher, O. M. Cap.

1. Juli. Primiz des hochwürdigen P. Justin. [
Kinder.

24. August. Priesterweihe des hochwürdigen P.
O. M. Cap.

26. August. Primiz des hochwürdigen P. Gregor.

Am 22. Januar starb im hiesigen Kloster der h[
ventura Henggeler, O. M. Cap., im Alter von nur
Weihnachtstagen hatte er noch ein Weihnachtsspiel verfaßt
künstlerischem Werthe alle früheren Aufführungen über[
wurde es wiederholt. Mag sein, daß bei diesen Anstreng
Pater sich eine Erkältung zuzog, die in Lungenentzünd[
10 Tagen den Tod herbeiführte. Er war zur Zeit P
Vereins, des St. Aloysius= und des St. Rosa=Vereins.
fromme Pater gewesen, zeigte die Theilnahme bei seinem
Zahl der Requiemmessen, die für ihn gelesen wurden, [
der sein Grab geschmückt wurde. Mehrere Welt= und
bei der Leichenfeier zugegen, bei welcher der hochwürdigste
ventura Frey die Leichenrede hielt.

26 Mai. Priesterweihe der hochw. PP. Thomas [

Rt. Rev. Franciscus Haas, O. M. Cap.

Antonius Adams, O. M. Cap., Ulrich Danner, O. M. Cap., und Willibald Kraus, O. M. Cap.

1. Juni. Um 8 Uhr Primiz des hochw. P. Ulrich, um 10 Uhr des hochw. P. Thomas.

2. Juni. Primiz des hochw. P. Willibald.

25. Juni. Der hochw. P. Gabriel Meßmer, O. M. Cap, hielt an diesem Tage in der St. Franciscus-Kirche unter Assistenz der Ordensmitbrüder das feierliche Requem für den am 21. Juni verstorbenen General-Definitor P. Franciscus Haas, O. M. Cap.

Der hochwst. P. Franciscus war geboren zu Metzerlen in der Schweiz am 25. Nov. 1826. Die hl. Priesterweihe hatte er erhalten am 28. Dez., 1851. Hierauf war er in der Schweiz in der Seelsorge thätig, bis er am 2. Sept. 1856 mit dem jetzigen P. Provincial Bonaventura Frey in dieses Land kam mit der Absicht hier den Capuciner-Orden einzuführen. Ein Jahr lang ungefähr versah er zuerst die Gemeinde in Kenosha. Im Juni 1857 ließ er den Grundstein legen zum ersten Capuciner-Kloster in diesem Lande. Am 2. Dez. desselben Jahres wurde er mit P. Bonaventura und Br. Aegidius eingekleidet. Am 19. Mai 1859 wurde er Oberer und blieb nun ununterbrochen an der Spitze der Provinz bis zum 16. Okt. 1879. Er wurde Commissarius am 4. Aug. 1864, Custos am 5. Nov. 1875. Beim Custodial-Kapital, das am 16. Oktober, 1879 abgehalten wurde, weigerte er sich, eine Wiedererwählung anzunehmen, aber am 15. Oktober wurde er zum Provincial gewählt. Am 30. November 1887 wurde er vom Papst Leo XIII. zum General-Definitor erwählt, und reiste daher am 21. April 1888 nach Rom, um fortan dort zu residiren. Im Frühjahr kam er auf Besuch nach Amerika zurück, aber ein altes Lungenleiden verschlimmerte sich so sehr, daß seine Rückkehr nach Rom unmöglich wurde. Am 14. April 1895 las er zum letzten Male die hl. Messe und blieb nun ans Bett gefesselt. Er hatte immer gewünscht, am Feste des hlst. Herzens-Jesu zu sterben, hielt sich aber dieser Begünstigung unwürdig. Doch ging sein Wunsch, wir dürfen hinzusetzen seine Voraussage, in Erfüllung.

Man lobt den Verstorbenen allgemein als einen musterhaften, heiligmäßigen Ordensmann, als eifrigen Priester und Volksmissionär, als einfachen, geraden Charakter, als weisen Rathgeber der Priester und liebevollen Vater seiner Untergebenen.

Im Verlaufe unserer Chronik haben wir gesehen, welches besondere Verdienst P. Franciscus um die St. Franciscus-Gemeinde hatte.

Am 30 Juni 1895 hielt der hochw. P. Novatus Benzing, O. S. F. in der St. Franciscus-Kirche seine Primiz. P. Novatus ist Priester der Fran-

ciscaner-Ordensprovinz von St. Louis.   Seine Elter
Mitglieder der Gemeinde.   So läßt sich denken, daß di
großes Fest w~r, und die Betheiligung eine sehr zahl
Guardian Ignatius hielt die Primizpredigt.

Am folgenden Sonntag war die erste Kommuni
diesen war ein Bruder und eine Cousine des neugeweih
dieser das Hochamt sang und die hl. Kommunion darre
dian die Ansprache hielt an die Erstkommunikanten.

St. Francis' School.   Die St. Franziskus-Schule.

Die Schule.

Entwicklung der Gemeinde hielt die Verbesserung der Schule
. Am 15. August 1871 wurde die erste Schule eingeweiht und
ter mit 90 Kindern eröffnet, die von zwei Schulschwestern von
unterrichtet wurden. Am Ende des Jahres waren es 120

mber 1872 übernahm Herr Lehrer Constantin Ries die oberste
oährend die übrigen Klassen den Schulschwestern anvertraut
fam aber beständig nahm die Zahl der Kinder zu, und als die
Schule umgestaltet wurde im Jahre 1879, hatte die Schülerzahl
e von einem weltlichen Lehrer und vier Schulschwestern den
ingen.

mber 1882 geschah eine Anregung zur Einrichtung einer Abend-
Erstkommunikanten, die leider so bald aus der Schule zur Arbeit
en, eine weitere Ausbildung zu ermöglichen. Am 7. Novbr.
Abendschule auch wirklich ein Anfang gemacht. Während dieses
n an Dienstagen und Donnerstagen Unterrichtsstunden gegeben.
e der Besuch derselben nicht zu deren Fortsetzung im folgenden

Bau der neuen Schule nahm nicht nur die Schülerzahl rasch zu,
er Schulen nahmen vielmehr einen entsprechenden Aufschwung.
des ersten Jahres wurde eine höhere Knabenschule errichtet, in
n gewöhnlichen Schulfächern auch Zeichnen und Buchführung
Sogar mit einer Lateinklasse wurde der Versuch gemacht.
1890 wurde ein Kindergarten eingerichtet, der einen sehr guten
. Die Gemeinde hatte das Glück, wie für die übrigen Klassen,
Klasse des Kindergartens immer tüchtige Lehrerinnen gehabt

1891 wurde ein vollständiges Gymnasium eingerichtet und in
in eigener Turnlehrer angestellt.
öheren Klasse für die Mädchen wurde auch diesen Gelegenheit
nntnisse zu erweitern und in Musik und weiblicher Handarbeit

klasse und der Turnunterricht sind einstweilen eingestellt worden.
''Select Classes'' weisen immer noch gute Erfolge auf.
15. Oktober 1892 besteht ein Verein, der bestrebt ist, die Schule
einer freien zu machen durch Gründung eines Schulfonds,

und innerlich zu heben durch Theilnahme an den monatlichen Prüfungen. An der Spitze dieses Schulvereins steht der tüchtige Redakteur der „Columbia", Herr M. J. Schultheis. Zum Direktorium gehören Männer, die ebenfalls höhere Studien gemacht haben.

Auf der Weltausstellung zu Chicago hat die Schule ein Diplom erhalten für General Class Work.

Knaben, die von dieser Schule aus höhere Lehranstalten besuchten, haben derselben schon reichliches Lob erworben.

Einen Ueberblick über das Wachsthum in der Schule in den letzten 10 Jahren gibt die folgende Tabelle : Die Schule hatte im Jahre

1884 1 weltlichen Lehrer und 5 Schulschwestern mit 351 Kindern.
1885 1   „   „   „ 5   „   „ 368   „
1886 1   „   „   „ 5   „ mit 229 Knaben und 200 Mädchen.
1887 1   „   „   „ 5   „   „ 230   „   „ 233   „
1888 1   „   „   „ 5   „   „ 235   „   „ 245   „
1889 1   „   „   „ 7   „   „ 260   „   „ 240   „
1890 1   „   „   „ 8   „   „ 325   „   „ 315   „

1891 1 Lehrer, 1 III. Ordens-Bruder und 8 Schulschwestern mit 340 Knaben und 320 Mädchen.

1892 1 Lehrer, 1 III. Ordens-Bruder und 9 Schulschwestern mit 315 Knaben und 300 Mädchen.

1893 1 Lehrer, 1 III. Ordens-Bruder und 10 Schulschwestern mit 350 Knaben und 325 Mädchen.

1894 2 weltliche Lehrer und 12 Schulschwestern mit 380 Knaben und 361 Mädchen.

Der Lehrer der obersten Knabenklasse war:
Vom September 1872 bis September 1877 Herr Constantin Ries.
Vom September 1875 bis September 1877, Herr Joh. Ev. Arens.
Vom September 1877 bis September 1885, Herr St. Lindenberger.
Vom September 1885 bis September 1892, Herr M. Nemmers.
Seit September 1892, Herr J. Meyer.

Die Select Class hatte in den Jahren 1891—94 Bruder Liguori, T. O. S. F., aus Brooklyn, N. Y., seit Sept. 1894 hat dieselbe Herr J. Natus.

Um nun auch einen Begriff zu geben von den Leistungen der Schule fügen wir das Programme bei, das bei der Vorstellung der Knaben am Schlusse des Schuljahres 1894—95 zur Aufführung kam am 27. Mai 1895.

PROGRAMME.

1. Opening Chorus.   Heut soll mein Lied erschallen.........P. Piel.
     Senior Class.
2. Opening Addresses:
     English, A. Baasen.   -   German, L. Tillmann.
3. What a Little Boy Can Do.   May Song.
     Kindergarten and Primary Dep't.
4. Class Recitation:—Keep Still.
     Primary Dept.
5. Violet Waltz (Piano Duet.)
     Masters W. Kopmeier & A. Kilian.
6. Merry Workers.
     First Grade.
7. Recitation:—Addlepate.
     Master H. Wendl.
8. Heather Rose (Haidenrœslein)..............................Lange.
     Piano Solo, Master A. Kilian.
9. Tambourine Drill and Song.
     Second Grade.
10. Invitation to the Waltz (Piano Duet)..............C. M. v. Weber.
11. Der Schulstreit.
     Third Grade.
12. Air Varie................... ....Chas. Daucla.
     Violin, Mr. J. Natus.   Piano, Master A. Kilian.
13. Jægerlied.
     Third Grade.
14. Recitation:—Evening at the Farm................J. T. Trowbridge.
     Master P. Schram.
15. Double Chorus { Woodland...... ....C. Bohm.
     George's Song in "Gœtz v. Berlichingen"
                                    Reinecke.
     Senior Class.
16. Sleigh Ride (Piano Duet)......................................Jewell.
17. Drei Charakterstuecke,
         a. Pennsylvanischer Bauer, M. Hufnagel.
         b. Patent Schwætzer, A. Kaiser.
         c. Der Feinschmecker, G. John.
18. Love's Confession (Piano Solo).............................Lege.
     Master A. Kilian.

19. DOCTOR POSCHIUS UND SEIN DIENER.

Schwank in Einem Akt.

Personen.

Doctor Poschius. (Professor) ....J. Braun.
Sein Diener...J. Keller.
Ein Student..D. Mertl.

Patienten :
{
 Bauer..R. Kasper.
 Buerger Soda.................................P. Jessrang.
 Amtsbote...J. Gabrielski.
}

Andere Patienten :
{
 ....O. Bangert.
 ....J. Hock.
 ....W. Stoltz.
}

Programm der Abendunterhaltung

veranstaltet von den Mädchen der St. Franciscus-Schule am 17. Juli 1895.

1. Marche Militaire...Mueller.
 Piano, Misses K. Plath, A. Schmitt, W. Stehling.
 Violin, " T. Traudt, A. Wendl, R. Schimian.
 Zither, Miss M. Moser.
 Guitar, " M. Nern.

2. Greeting Song and Welcome.

Primary and Preparatory Dept.

3. Blue Bird Polka...... ....Brunner.
 Piano, Little Misses C. Schardt, G. Burkhardt, C. Stehling,
 M. Treis.
 Violin, Misses T. Traudt, A. Wendl.
 Zither, Miss M. Moser.
 Guitar, " M. Nern.

4. Raise Your Hands (Motion Song).

Kindergarten.

5. Heroic March...E. R.
 Piano, Misses M. Seidel, M. Schimian.
 Violin, Miss T. Traudt.
 Guitar, " M. Nern.

6. The Seasons (Recitation).
 On the Mountain Life is Free (Chorus).

The Stage in the Large Hall.   Die Bühne in der Großen Halle.

Third Grade.

7. Birthday March...T. Behr.
   Piano, Misses M. L. Dicky, A. Rebhan, S. Gessert.
   Violin,   "   .T. Traudt, A. Wendl.
   Guitar, Miss M. Nern.

8. Lily and Rose (Duet) ....Glover.
   Misses P. Schultheis, T. Traudt.

9. Die gute Mutter.

Fourth Grade.

10. Chinese Serenade .... Fliege.
    Piano, Misses A. Schmitt, W. Stehling, T. Traudt.
    Violin,   "   T. Traudt, A. Wendl.
    Guitar, Miss M. Nern.

11. The Train to Lore.

Fifth Grade.

12. The Bell Gallop..Bellak.
    Piano, Misses M. Seidel, T. Traudt.

13. Bridget's Interview with the Dentist (Dialogue).
    Misses V. Dœrner, P. Julien.

14. A B C (Comic Duet)...Barry.
    Piano, Miss M. Seidel.
    Vocal, Misses M. Nern, T. Traudt.

15. Empire Drill.

Sixth Grade.

Marche du Diable...Suppe.
Piano, Misses M. Seidel, M. Schimian.
Violin,   "   T. Traudt, A. Wendl.
Guitar, Miss M. Nern.

Orange Grove Schottishe ....Losse.
Piano, Misses M. Seidel, K. Plath, M. Schimian.
Violin,   "   T. Traudt, A. Wendl.
Guitar, Miss M. Nern.

16. Slowly and Softly Music Should Flow...................Glover.
    Chorus:—Fifth Grade.

99

17. St. Dorothea.

Legende in zwei Aufzügen.

Personen:

Valeria, des Cäsars Galerius Frau, ...	Frl. Louise Steinberg.
Cornelia, Gemahlin des Prokonsuls von Cäsarea,	" Frances Hufnagl.
Callista, deren Tochter, ...	" Lillie Steichen.
Flora,	" L. Steinberg.
Lydia, }Freundinnen Callista's, ...	" C. Dreher.
Dione,	" S. Herrmann.
St. Dorothea, ...	" Christine Beumer.
Ein kleines christliches Mädchen, ...	" Phil. Schultheis.
Bonosa, alte Sklavin Cornelia's, ...	" B. Doischer.
Ein Engel, ...	" R. Meier.

Ort: Das Haus Cornelia's zu Cäsarea.

Zeit: Die Diokletianische Verfolgung.

18. Smith's March.... ....Lucchesi.

Piano, Misses M. Seidel, A. Schmitt.

Violin, Miss T. Traudt.

Guitar, Miss M. Nern.

2. Akt.

19. Schlußrede.

Frl. B. Doischer.

20. Praise the Lord (Chorus)...................................Emerson.

Im September 1895 wurde die Schule eröffnet mit 840 Kindern.

Orden, Bruderschaften und Vereine.

1. Der III. heilige Orden des hl. Franciscus.

Der III. Orden wurde vom hl. Franciscus gestiftet im Jahre 1221, nicht blos als kirchliche Bruderschaft, noch weniger als religiöser Verein, sondern als eigentlicher kirchlicher Orden, der sich aber von den übrigen Orden dadurch unterscheidet, daß er seine Mitglieder unter keiner auch nur läßlichen Sünde von sich aus verpflichtet, daß in demselben keine Gelübde abgelegt werden, daß seine Mitglieder in der Welt und auch im Eheftande leben können, wenn sie sich nur bestreben, nach der von so vielen Päpsten anempfohlenen Ordensregel ein wahrhaft christliches Leben zu führen.

Der III. Orden breitete sich ungemein rasch aus, selbst unter den vornehmften Ständen. Mindeftens 130 gekrönte Häupter ließen sich in denselben auf-

F. Herrmann,   A. Lehman,   L. Bellinghausen,   J. Brielmaier,
Julia R. Marzolf,   Elise Bausen,   Amanda Suess.

Promoters of the Adoration Society.   Die Beamten des Anbetung=Vereins.

nehmen, darunter sieben Päpste. Dem Ordensgeneral der Kapuziner allein waren am 1. Januar 1894 unterstellt 629,075 Mitglieder des III. Ordens. Die Gesammtsumme beträgt mehrere Millionen.

Wenn die Mitglieder nach dem Geiste des hl. Franciscus ihren Lebens=wandel einrichten, ist jede Gefahr der Uebertreibung und falschen Frömmigkeit ausgeschlossen. Nur Gutes kann derselbe stiften und alle an sich ziehen, die wahrhaft Gottes Ehre suchen und ihr Seelenheil sichern wollen. Daher er=wartet auch von diesem Orden der hl. Vater Leo XIII. die Neugestaltung der Erde und die Umkehr zur wahren christlichen Einfalt. Er sagt: „Blüht der III. Orden wieder auf, so werden auch schnell der Glaube, die Frömmigkeit und jegliche Tugend erblühen: es wird ertödtet werden die übermäßige Sucht nach irdischen Gütern und verschwinden die Abneigung gegen die Ueberwindung unserer fleischlichen Begierden durch die evangelische Abtödtung. Mit brüder=licher Liebe und in Eintracht verbunden werden die Menschen gegenseitig sich lieben und in den Armen das Bild Jesu Christi verehren und achten. Der christliche Geist wird sie drängen, den Vorgesetzten unterthänig zu sein und die Rechte eines Jeden zu achten und dadurch alle Gewaltthätigkeit, Ungerechtigkeit, Aufruhr und Haß der Menschenklassen zu ersticken. Der dritte Orden würde die Reichen und die Armen miteinander versöhnen."

In der Gemeinde besteht der Orden seit ihrer Gründung. Schon im Jahre 1862, wenn nicht früher, hatte der hochw. Vater Holzhauer für den III. Orden gearbeitet und mehrere Personen in denselben aufgenommen. Andere wurden aufgenommen durch die Capuciner und Franciscaner=Patres, die von Zeit zu Zeit Milwaukee besuchten. So fand P. Ivo bei Gründung der Ge=meinde schon eine Anzahl von Mitgliedern vor, denen er regelmäßig besondere Vorträge hielt. Er hielt Einkleidungen am 15. März und 17. April 1870.

Am 7. Juli 1873 wurde aber eine außerordentliche Versammlung des III. Ordens abgehalten, bei welcher sich 62 Mitglieder einfanden. Der Zweck der Versammlung war: Maßregeln zu treffen zur Hebung des Ordens. Es wurden Beamten gewählt und Beschlüsse gefaßt, die dem Orden eine Organisa=tion geben und einen regelmäßigen Dienst sichern sollten. Seitdem ist der Orden im Zunehmen begriffen und wirkt in Milwaukee und Umgegend sehr viel Gutes.

Auswärtige Mitglieder zählt derselbe etwa 540, die dieser Congregation angeschlossen sind.

In der Stadt befanden sich am 1. Jan. 1894, 586 Mitglieder.

Der hochwst. Erzbischof M. Heiß gehörte demselben an, ebenso der sel. Bischof Flasch; eine beträchtliche Anzahl von Priestern in Stadt und Umge=gend gehören noch jetzt zu demselben.

101

Der III. Orden hält seine monatlichen Versammlungen am letzten Sonntag eines jeden Monats nach der Vesper in der Kirche.

Die englisch redenden Mitglieder halten ihre Versammlung am zweiten Sonntag eines jeden Monats nach der Vesper.

2. Die Herz-Jesu Bruderschaft.

Diese Bruderschaft wurde errichtet am 19. Juni 1887. Bei dieser Gelegenheit ließen sich ungefähr 400 Personen aufnehmen. Später kamen viele Mitglieder hinzu, so daß jetzt fast die ganze Gemeinde derselben angehört.

Der Zweck dieser Bruderschaft ist die Beförderung der Andacht zum hlst. Herzen Jesu, nämlich dieses göttliche Herz zu verehren und zu lieben, Ihm für die Einsetzung des hochheiligen Altars-Sakramentes zu danken und für die Kälte, den Undank und die Beleidigungen, womit seine unendliche Liebe zu uns gar oft vergolten wird, nach Kräften Ersatz zu leisten.

Vortheile sind: der gesicherte Schutz des hlst. Herzens, die persönliche Heiligung und eine große Anzahl vollkommener und unvollkommener Ablässe.

Die monatliche Andacht findet statt am Sonntag nach dem ersten Freitag eines jeden Monats, Nachmittags um 3 Uhr.

Am ersten Freitag eines jeden Monats wird nach der 6 Uhr Messe das Allerheiligste zur Verehrung ausgesetzt und bleibt ausgesetzt bis nach dem um 8 Uhr gehaltenen Votiv-Amt mit dem Aufopferungs-Akte.

3. Erzbruderschaft U. L. Fr. Maria von der immerwährenden Hilfe.

Sie wurde in der St. Franciscus-Kirche errichtet am 24. Mai 1887. Auch dieser Bruderschaft gehört der weitaus größere Theil der Gemeinde an.

Der Zweck der Bruderschaft ist die Förderung der Verehrung der allerseligsten Jungfrau Maria, zur Erlangung des mütterlichen Beistandes Maria und der endlichen Beharrlichkeit.

Vortheile: Die Mitglieder sichern sich den immerwährenden Schutz Mariens für ihre Anliegen; sie tragen wirksam bei zur Bekehrung der Sünder; sie erlangen unter gewissen Bedingungen zahlreiche Ablässe; sie haben nicht nur Antheil an den Früchten der guten Werke der ganzen Erzbruderschaft, sondern auch der ganzen Congregation des allerheiligsten Erlösers.

Die monatliche Conferenz findet statt am 3. Sonntag eines jeden Monats, Nachmittags um 3 Uhr.

4. Der Anbetungs-Verein.

Dieser Verein wurde gegründet am 8. Februar 1895 und zählt etwa 150 Mitglieder.

Die Veranlassung zur Gründung dieses Vereins gab das Verlangen, die Kirche während des Tages offen zu haben, da die Kirche nach dem Brande

St. Francis Choir.　　Der St. Franziskus Chor.

unter Tags geschlossen blieb. Die Mitglieder verpflichten sich nun wenigstens eine halbe Stunde Anbetung zu halten und bilden so eine Art Ehrenwache des allerheiligsten Altarssakramentes. Die Betstunden dauern von 1—5 Uhr und sollen ausgedehnt werden, wenn die Zahl der Mitglieder dies rathsam erscheinen läßt.

Irgend Jemand kann Mitglied dieses Vereines werden. Die Versammlungen werden monatlich gehalten, am 3. Sonntage des Monats nach der Vesper.

Beamten für das Jahr 1895.

Präsident, der hochw. P. Ignatius, O. M. Cap.

Vice=Präsidentin, Frl. Elis. Baasen.

Sekretärin, Frl. Amanda Sueß.

Schatzmeisterin, Frl. Julia Marzolf.

Promotoren.

Montag, Frl. Julia Marzolf; Dienstag, Frl. Francisca Herrmann; Mittwoch, Frl. Amanda Sueß; Donnerstag, Frl. Elis. Baasen; Freitag, Frl. Jos. Brielmaier; Samstag, Frl. Alma Lehmann; Sonntag, Frl. Bellinghausen.

5. Der Kindheit Jesu=Verein.

Dieser Verein hat den Zweck, die Kinder für Mitleid mit dem traurigen Loose der armen Heidenkinder und ihrer Mitmenschen überhaupt zu stimmen und sie an Nächstenliebe und Mildthätigkeit zu gewöhnen. Sie zahlen jeden Monat je einen Cent und erzielen jährlich auf diese Weise für die Missionen die Summen von ungefähr $60.

6. Der St. Cäcilia Kirchenchor.

Bis zum September des Jahres 1872 hatte die Gemeinde keinen gemisch=ten Chor, sondern die Klerifer sangen während des Gottesdienstes. Erst beim Amtsantritt des Herrn Lehrers Const. Ries wurde ein Kirchenchor organisirt. Um dem Kirchenchore einen festeren Bestand zu geben, wurde derselbe am 12. Dez. 1877 neu organisirt und ihm eine zweckdienliche Constitution gegeben.

Der Zweck des Vereines ist die Verherrlichung Gottes, die Hebung der kirchlichen Feier beim öffentlichen Gottesdienst durch die Förderung einer kirch=lichen Musik und Aufführung eines solchen Gesanges, der mit Rücksichtnahme auf die verschiedenen Festzeiten dem Geiste der Kirche und ihren Vorschriften entspricht.

Der jeweilige Pfarrer der Gemeinde ist Präses des Vereines, der Chor=Dirigent ist Vice=Präses und zugleich Sekretär.

Der Verein zählt jetzt 42 Mitglieder und ist dem Amerikanischen Cäcilien=Verein affiliirt.

Gesangsproben finden statt zweimal in der Woche.

103

7. Der St. Laurentius Lese-Verein.

Im Jahre 1881 wurde ein Verein gegründet, um durch kleine Beiträge der Gemeinde zu einer Volksbibliothek zu verhelfen. Der Zweck war somit ein ganz uneigennütziger. Es sollte den Mitgliedern der Gemeinde ein belehrender und erbauender Lesestoff geboten werden, und dadurch gefährliche unsittliche oder irreligiöse Lektüre aus den Familien fern gehalten werden. Der Anfang zu einer Bibliothek wurde gemacht mit einer Anzahl für das Volk passender Bücher aus der Klosterbibliothek und einer beträchtlichen Anzahl von Büchern, die Herr M. Baasen zur Verfügung stellte. Die Zahl der Bände wuchs von Jahr zu Jahr bis die Bibliothek jetzt 1300 Bände zählt. Für den Gebrauch des Buches wurde früher 1 bis 2 Cent bezahlt. Seit einem Jahre werden die Bücher gratis ausgeliehen an solche, die die Regeln der Bibliothek beobachten. Die Bibliothek ist offen am Freitag Nachmittags für die Schulkinder, am Sonntag um 2 Uhr für die Erwachsenen. Die Herren J. G. Meyer, G. Steinberg und J. Kaminsky haben die Verwaltung der Bibliothek.

8. Der St. Bonaventura Kranken-Unterstützungs-Verein.

Am 29. Februar 1872 wurde eine Versammlung der Männer der Gemeinde berufen, um einen katholischen Kranken-Unterstützungs-Verein zu gründen. Als Vorsitzer bei dieser Versammlung fungirte Herr Jakob Schowalter, als Sekretär Herr M. Schimian jr. Es fand sich eine hinreichende Anzahl von Candidaten, so daß man die Frage vorbringen konnte, wie denn der neue Verein heißen solle. Der Vorsitzende und mehrere Herren mit ihm wünschten, daß sich der Verein unter den Schutz des hl. Franciscus stellen solle. Weil aber schon der Bau-Verein unter dem Namen St. Franciscus-Verein bekannt war, rieth P. Ivo, damals Pfarrer der Gemeinde ab, um Verwechslungen und Unannehmlichkeiten zu vermeiden. Daraufhin schlug Herr Aug. Recke vor, daß der hl. Bischof und Kirchenlehrer Bonaventura als Patron des Vereins erwählt werde. Dieser Vorschlag wurde angenommen und seither ist der Verein unter dem Namen St. Bonaventura Kranken-Unterstützungs-Verein bekannt.

Als Comite zur Entwerfung einer zweckmäßigen Constitution wurden ernannt die Herren C. Kleser, W. O. Hoya, N. Faust, A. Recke und M. Schimian jr.

Am Schlusse dieser Versammlung wurde die Wahl der Beamten vorgenommen, die folgendes Resultat ergab:

Präsident—W. O. Hoya,

Vize-Präsident—Jac. Janzer,

Sekretär—M. Schimian, jr.,

Vize-Sekretär—C. Lauer,

Schatzmeister—C. Kleser,

Finanz-Comite—J. G. Herrmann, E. Janzer, P. Heusler.

The Library.   Die Bibliothek.

The Young Men's Casino.   Casino für die Jünglinge.

Jacob Schowalter.

J. Geo. Herrmann.

Henry Janzer.

Conrad Lauer.

Eine entsprechende Constitution wurde am 19. März 1872 angenommen, und der Verein am 26. April 1873 incorporirt.

Da die größte Zahl der Männer der Gemeinde diesem Vereine angehören, dürfte eine eingehendere Besprechung desselben dem Leser von Interesse sein. Der Verein zählt jetzt 421 Mitglieder.

Der Zweck des Vereines ist die Förderung eines kräftigen religiösen Lebens im Geiste der römisch-katholischen Kirche und gegenseitige Unterstützung.

Aktive Mitglieder dieses Vereines können nur jene Männer werden, welche:

a. Römisch-katholisch sind, ihren Pflichten als solche genügen und als praktische Katholiken einer Gemeinde angehören.

b. Keiner Gesellschaft oder Verbrüderung angehören, welche mit den Gesetzen und Einrichtungen der katholischen Kirche im Widerspruch steht.

c. Unbescholtenen Charakter haben.

d. Welche gesund, von körperlichen Gebrechen frei und arbeitsam sind.

e. Welche das vorgeschriebene Alter haben, nämlich über 18 und unter 45 Jahre.

f. Ihre Kinder in eine katholische Schule schicken.

Alle Mitglieder sind verpflichtet, alljährlich folgende drei Feste feierlich zu begehen:

1. Das Stiftungsfest am Palmsonntag.

2. Das Patronsfest am 14. Juli oder Sonntags darauf.

3. Des Central-Vereinsfest am 8. Dez. oder Sonntags darauf.

Jeder Candidat hat nebst $1.00 Aufnahme-Gebühr und $1.75 für seine Vereins-Auszeichnung folgendes Eintrittsgeld zu bezahlen:

Von 18 bis 25 Jahre $3.00.
"   25 " 30 "   4.00.
"   30 " 35 "   5.00.
"   35 " 40 "   7.00.
"   40 " 45 "   10.00.

Die vierteljährlichen Beiträge sind für jedes Mitglied $2.00 und müssen in jeder Zahl-Versammlung nebst etwaigen Strafen an das Finanz-Comite gegen Quittung bezahlt werden.

In Krankheitsfällen, wenn die Krankheit nicht selbstverschuldet ist, und dieselbe über eine Woche dauert, soll jeder Kranke wöchentlich $8.00 Unterstützung erhalten, ausgenommen die erste Woche, welche aber im Todesfalle eines Mitgliedes bezahlt wird.

Nachdem ein Mitglied 52 Wochen volle Unterstützung gezogen hat, soll es in weiteren Krankheitsfällen nur zur Hälfte oder zu $4.00 per Woche berechtigt sein.

Wenn ein Mitglied eines natürlichen Todes stirbt, so soll binnen 30 Ta=
gen nach seinem Ableben an seine Frau oder testamentarischen Erben
$100.00, und stirbt die Ehefrau eines Mitgliedes, so sollen an dasselbe $50.00
aus der Vereinskasse bezahlt werden.

Präsidenten seit der Gründung des Vereines:

1.	W. O. Hoya, erwählt am	29.	Feb.	1872.
2.	Jac. Schowalter,	10.	Sept.	1872.
3.	Chas. Kleser,	9.	„	1873.
4.	J. B. Schmitt,	8.	„	1874.
5.	J. G. Herrmann.	13.	„	1875.
6.	J. B. Schmitt,	11.	„	1876.
7.	Adam Bormann*,	10.	„	1877.
8.	Bonav. Krümer.	10.	„	1877.
9.	„ „	9.	„	1878.
10.	Erhard Brielmaier,	8.	„	1879.
11.	„ „	13.	„	1880.
12.	„ „	12.	„	1881.
13.	Chas. H. Stehling,	11.	„	1882.
14.	„ „ „	10.	„	1883.
15.	„ „ „	8.	„	1884.
16.	„ „ „	14.	„	1885.
17.	„ „ „	16.	„	1886.
18.	„ „ „	12.	„	1887.
19.	„ „ „	10.	„	1888.
20.	„ „ „	9.	„	1889.
21.	„ „ „	8.	„	1890.
22.	„ „ „	14.	„	1891.
23.	„ „ „	12.	„	1892.
24.	„ „ „	11.	„	1893.
25.	„ „ „	8.	„	1894.

*Hat abgelehnt.

Beamten für 1894—1895.

Präsident—Peter Lehmann.

Vice=Präsident—Ph. Dorunf.

Finanz=Sekretär—Alois Steinberg.

Prot. Sekretär—F. J. Zeidler.

Schatzmeister—J. J. Gaspar.

Finanz=Comite—E. Kaminsky, W. Schuldes, L. Hoppe.

Exec.=Comite—A. Schiefer, J. W. Zwaska, Jac. Dornuf.

Marschal—Con. Lauer.

Fähnrich—Jac. Jäger.

Vereins=Arzt—Dr. Wilh. Schorse.

Der Verein ist dem Central=Verein und der Familien-Schutzgesellschaft
angeschlossen.

Die wöchentliche Versammlung findet jeden Montag Abend statt, die mo=
natliche am zweiten Montage des Monats.

Die Beamten des St. Bonaventura N. U. Vereins, 1895.

Mitglieder-Tabelle.

Jahr.	Gesammt-zahl der Aufgenom-menen.	Gesammt-zahl der Gestriche-nen.	Gesammt-zahl der Ausgetre-tenen.	Gesammt-zahl der Gestorbe-nen.	Gesammt-zahl der Gebliebe-nen.
1872	40	1	3	0	36
1873	91	3	5	0	83
1874	130	10	5	0	115
1875	153	19	5	0	129
1876	176	34	6	0	136
1877	195	43	7	0	145
1878	211	49	9	1	152
1879	227	61	11	1	154
1880	245	70	15	1	159
1881	261	76	19	2	164
1882	278	89	22	3	164
1883	307	94	23	5	185
1884	339	97	24	5	213
1885	370	101	24	8	237
1886	391	104	24	11	252
1887	419	110	25	13	271
1888	438	112	26	17	283
1889	465	121	27	20	297
1890	499	124	29	23	323
1891	543	131	31	23	358
1892	581	138	34	28	381
1893	613	142	34	30	407
1894	642	152	35	34	421

Ausgaben-Tabelle.

Jahr.	Kranken- und Sterbe-gelder.	Wohlthätige Ausgaben.	Laufende Ausgaben.	Total-Aus-gaben.	Kapital.
1872	$ 0 00	$ 3 35	$ 86 57	$ 90 92	$ 197 14
1873	8 00	0 00	271 81	279 81	571 81
1874	184 00	17 70	337 96	539 66	1053 27
1875	206 24	28 00	361 48	595 72	1435 80
1876	799 76	19 95	164 58	984 29	1566 94
1877	742 54	95 00	153 13	990 67	1749 91
1878	532 29	60 00	208 03	850 32	2168 87
1879	461 29	0 00	143 70	604 99	2865 74
1880	673 95	0 00	216 66	890 61	3274 40
1881	1423 96	0 00	276 82	1700 78	3051 33
1882	1587 55	3 25	615 28	2206 08	2839 12
1883	1055 10	50 00	692 76	1397 86	3268 35
1884	892 09	0 00	384 01	1276 10	3971 77
1885	1616 59	0 00	311 11	1927 70	4258 87
1886	1889 53	0 00	404 87	2294 40	4404 57
1887	1052 44	0 00	345 13	1397 57	5392 75
1888	1429 99	0 00	479 33	1909 32	6665 14
1889	2452 88	0 00	414 29	2867 17	6701 84
1890	2753 97	111 19	533 45	3398 61	6793 39
1891	1596 86	131 51	499 05	2227 42	8393 48
1892	3347 20	245 00	438 80	4031 00	8367 77
1893	3550 76	0 00	619 85	4170 61	8378 76
1894	3117 06	0 00	611 76	3728 82	8903 44

9. Der Henni Hof No. 142 des Ordens der Katholischen Förster.

Dieser jüngste der Unterstützungs-Vereine der Gemeinde wurde gegründet am 2. März 1890 als Zweig-Verein des wohlbekannten Ordens der Katholischen Förster, dessen Zweck es ist, für die Wittwen und Waisen der Verstorbenen Mitglieder zu sorgen in Form einer Lebensversicherung zum Betrage von $1,000.00, ferner die Kranken zu unterstützen und die Mitglieder anzuhalten, ihren Pflichten der Kirche gegenüber getreulich nachzukommen. Auf Vernachlässigung dieser Pflichten, besonders Unterlassung der Osterkommunion erfolgt Ausstoßung.

Der Orden der Katholischen Förster ist noch jung. Am 24. Mai 1883 wurde er in der Gemeinde der hl. Familie in Chicago gegründet von einigen guten katholischen Männern denen das Wohl des Nächsten am Herzen lag, und die sahen, daß so viele Mitglieder ihrer Gemeinde starben, ohne im Stande zu sein den Angehörigen etwas zu hinterlassen, welche dann der Gemeinde zur Last fielen.

Es war die Absicht der Gründer, den Orden auf den Staat Illinois zu beschränken, doch bald verbreitete sich der gute Ruf des Ordens auch in andere Staaten, und heute hat sich das gute Werk dieser paar Männer so ausgebreitet, daß der Orden 31,748 Mitglieder zählt, und sich in 520 Höfen oder Zweig-Vereinen über die Staaten Illinois, Wisconsin, Minnesota, Michigan, Indiana, Jowa, Kansas, Nebraska, Ohio, Vermont, New Hampshire, und die britischen Provinzen Manitoba, Quebec und Ontario ausdehnt.

Als besonders lobenswerth ist auch hervorzuheben die Gleichberechtigung aller Nationalitäten und Stände in dem Liebeswerke des Ordens. Ob arm oder reich, schwarz oder weiß, deutsch oder polnisch, französisch oder irländisch, italienisch oder schwedisch, reichen sich alle unter Einer Regel die Hand für den Nächsten zu sorgen, und genießen alle die Vortheile des Vereines, so lange sie ihren Pflichten nachkommen.

Es wurden seit Gründung des Ordens $1,149,000.00 als Sterbegelder und über $500,000.00 als Krankengelder ausbezahlt.

Der Henni Hof wurde am Sonntag, den 2. März 1890 nach der Vesper in der St. Franciscus-Schulhalle gegründet und durch den damaligen Hoch-Oberförster J. P. Lauth in den Ordensverband aufgenommen. Dieser Feier wohnten viele Mitglieder von anderen Gemeinden bei. Der hochwürdige P. Guardian Ignatius hielt an den neuen Verein eine schöne aufmunternde Anrede.

Die ersten Mitglieder oder Charter Members sind : Frank J. Dietz, Martin Braun, S. Burkhardt, John Edelmann, J. B. F. Schmidt, John Schellinger, Joseph Meuser, M. J. Pauly, A. Murawsky, Chas. Broecker,

PH. DARNUF REV. P. IGNATIUS FRED ERZ

FRANK J. DIETZ JOS. MEUSER NIC. HUWER

CHAS. GOTTSCHALK GEO. F. ZANDER MATH. J. PAULY

STEPH. BURKARD

JOHN EDELMAN L. F. WAGNER

OFFICERS OF HENNI COURT 142 C. O. F.

Gun & Co. Eng. Milwaukee

Anton Haisel, J. B. Wendl, A. Keller, Anton Mueller, Philipp Mueller, Fred. Erz und J. Mason.

Alle diese wurden nach langer und harter Arbeit durch Herrn Geo. Zauder, dem Organisirer des Vereines, zusammengebracht, und am genannten Tage zum Vereine verbunden. Seitdem ist die Mitgliederzahl auf 89 gestiegen.

Jeder Applikant hat folgende Eintrittsgebühren zu entrichten:

Vom 18. bis 30. Jahre $5.00.
Vom 30. bis 40. Jahre $8.00.
Vom 40. bis 45. Jahre $10.00.

Ferner hat jeder Applikant dem Arzt $2.00 für die Untersuchung zu zahlen, 50 Cents für den Mitgliedsschein, 10 Cents für ein Quittungsbuch, $1.00 in die Sterbekasse und $1.00 vierteljährliche Gebühren zu entrichten.

Jedes Mitglied, welches 6 Monate diesem Hofe angehört hat, ist in Krankheitsfällen, wenn die Krankheit vom Hofarzt und Kranken-Comite bestätigt und nicht selbst verschuldet ist, zu $5.00 Unterstützung per Woche berechtigt.

Der Hof hat seit seiner Gründung an kranke Mitglieder $519.38 ausbezahlt.

Derselbe veranstaltete bereits mehrere Unterhaltungen in der Gemeindehalle, welche einen großen Erfolg erzielten, sie werden wohl noch den Besuchern in angenehmer Erinnerung schweben.

Eine der schönsten Fahnen der Stadt ist Eigenthum dieses Hofes. Tritt man an Festtagen in die Kirche, so gewahrt man sogleich auf der Fahne, welche die rechte Seite des Mittelschiffes schmückt, das gestickte Bild des seligen Erzbischofes Joh. Martin Henni, den der Hof als Namenspatron verehrt und als ersten Förster, der hier im Walde (Wisconsin) unermüdlich thätig war, die alten und jungen Bäume (Seelen) zu retten und vor dem Verderben zu schützen.

Die jetzigen Beamten des Hofes sind:

Oberförster—Geo. Zauder.
Unterförster—Stephan Burkhardt.
Prot. Sekretär—Chas. Gottschalk.
Fin. Sekretär—M. J. Pauly.
Schatzmeister—Jos. Meuser.
Trustees—Fred. Erz,
        Frank J. Dietz,
        Nic. Huwer.
Marschäle—Geo. Pauly und J. Schiller.
Wachen—Peter Ledenbach und Peter Schoen.

Comite zum Wohl des Ordens—Phil. Dornuf,
            Lawrence Wagner,
            John Edelmann.

Versammlungen sind am ersten und dritten Dienstage eines jeden Monats in der Vereinshalle.

10. Catholic Knights of Wisconsin, Branch 89.

Dieser Zweig des Ordens Katholischer Ritter von Wisconsin wurde gegründet im Jahre 1888.

Der Zweck des Ordens ist: 1. Die brüderliche Vereinigung aller wirklich katholischen Christen jeglichen Berufes, Geschäftes und Standes.

2. Die Unterstützung der Mitglieder durch gegenseitige Aufmunterung im Geschäfte, oder durch gegenseitige Verhelfung zur Erlangung von Beschäftigung.

3. Die Gründung eines Unterstützungs=Fonds, woraus der Familie oder den Erben verstorbener Mitglieder die Summe von $2000.00 ausbezahlt wird, wenn solche Mitglieder ihren Verpflichtungen getreu nachgekommen sind.

Jeder Applikant muß ein praktischer Katholik und über 18 und unter 55 Jahre alt und körperlich gesund sein.

Die Eintrittsgebühr beträgt fünf Dollars, einschließlich die Gebühr für den Untersuchungs=Arzt.

Jedes Mitglied hat nach der Aufnahme in die Wittwen= und Waisenkasse nachfolgende Raten oder Halbraten, und denselben Betrag für jedes hernach während der Zeit seiner Mitgliedschaft dieses Ordens erhobene Assessment zu bezahlen:

Im Alter von	18 bis 25	Jahren,	$	.70
"	"	25 bis 30	"	.75
"	"	30 bis 35	"	.80
"	"	35 bis 40	"	.90
"	"	40 bis 45	"	1.00
"	"	45 bis 46	"	1.05
"	"	46 bis 47	"	1.10
"	"	47 bis 48	"	1.15
"	"	48 bis 49	"	1.20
"	"	49 bis 50	"	1.25
"	"	50 bis 51	"	1.50
"	"	51 bis 52	"	1.75
"	"	52 bis 53	"	2.00
"	"	53 bis 54	"	2.50
"	"	54 bis 55	"	3.00

Der Verein zahlt im Todesfalle eines Mitgliedes, das volle Rate bezahlt hat, $2,000.00; dagegen beim Tode eines Mitgliedes mit halber Rate $1,000.00.

Der Verein, der unter den Gesetzen von Wisconsin inkorporirt ist, zählte im Dezember 1888 elf Mitglieder.

Die Beamten waren:

Präsident — E. Brielmaier.

Vice=Präsident—Jos. Fiene.

Sekretär—H. J. Philipps.

Schatzmeister—Geo. Marzolf.

Trustees—3 Jahre, A. Engelhart.

2 Jahre, J. Kornely.

1 Jahr, J. Mühsig.

Im Dez. 1889 hatte er 17 Mitglieder; im Dez. 1890, 27; im Dez. 1891, 36; im Dez. 1892, 43; im Dez. 1893, 45; im Dez. 1894, 49.

Es wurden bisher ausbezahlt an Assessments $3,763.40. Geld an Hand $285.50.

Von diesem Zweige ist erst ein Mitglied gestorben, nämlich C. H. Munagle. Dessen Frau erhielt in 60 Tagen $2,000.00 ausbezahlt, obschon derselbe an Assessments $69.00 bezahlt hatte.

Die jetzigen Beamten sind:

Präsident—Ph. Dornuf.

Vice=Präsident—J. Oberbrunner.

Sekretär—J. B. Wendl.

Schatzmeister—J. J. Gasper.

Trustees—3 Jahre, J. A. Scharfenberger; 2 Jahre, R. Koch; 1 Jahr, M. P. Rupplinger.

Die Versammlungen finden statt am dritten Donnerstag eines jeden Monats.

11. Der St. Elisabeth Christliche=Mütter=Verein.

Dieser Verein wurde gegründet im September 1871 mit 59 Mitgliedern. Zweck des Vereins ist die Förderung des religiösen Lebens in den Familien und Unterstützung der Kirche.

Zur Erreichung dieses doppelten Zweckes wird

1. Den Mitgliedern am dritten Sonntage jedes Monats nach der Vesper ein entsprechender Vortrag gehalten.

2. Betet jedes Mitglied täglich ein Geheimniß vom lebendigen Rosenkranz. Die Geheimnisse werden bei der monatlichen Conferenz gewechselt.

3. Gehen die Mitglieder gemeinschaftlich zur hl. Mariä Reinigung, den 2. Feb., Mariä Heimsuchung, t Elisabeth, den 19. Nov.

4. Zahlt jedes Mitglied jährlich $1.00, oder vier die Vereinskasse für den Altar, für Linnen, Blumen, K dürfnisse der Kirche und Sakristei. Und weil die Mit nur für die Ehre Gottes thätig sind, wird am Donner Sonntage des Monats für die lebenden und verstorbene amt gesungen.

Stirbt ein Mitglied, das seine Pflichten erfüllt ha einskasse für dasselbe ein feierliches Requiem bestritte: wenu immer möglich, beiwohnen. Am Sonntage nach richt betet der Verein nach der Vesper in der Kirche Verstorbenen den hl. Rosenkranz.

Der Verein steht unter der Leitung des jeweiligen einer=Conventes oder eines anderen Paters, den der P. (

Seit November 1892 ist der Verein dem Christlid Pittsburg, Pa., angeschlossen und genießt alle geistigen Vereines.

Jetzige Mitgliederzahl 301.

12. Der St. Antonius=Jünglings=Be

Dieser Verein wurde zum ersten Male organisirt a die erste Kirche noch nicht vollendet war. Es ist somit in der Gemeinde. Denn wenu auch einmal eine Reorg nöthig war, so traten doch die meisten Jünglinge sogleich neuen Verein über.

Zweck des Vereins. Ein einmüthiges Zusammenh lingen der Gemeinde, um sie dadurch vor Abwegen un schaften zu schützen, und das religöse Leben in ihnen fördern.

Vortheile des Vereins.

1. Die Conferenzen, in welchen die Mitglie gewarnt, im Glauben und in der Tugend gestärkt und ihrer Pflichten angespornt werden.

2. Jedes Jahr werden für die Mitglieder vier Ho

3. Für die Seelenruhe jedes verstorbenen Mitglie: Requiem gehalten.

4. Jedes Mitglied ist verpflichtet für die Seelen Mitgliedes acht Tage lang ein bestimmtes Gebet zu verri

112

St. Francis Independent Cadets.

Der Verein zählt gegenwärtig 50 Mitglieder.

Dem Vereiu steht ein gut eingerichtetes Casino zur Verfügung am Sonn=
tag, Dienstag, Donnerstag und Samstag Abend.

Die monatlichen Versammlungen werden gehalten am zweiten Montag
eines jeden Monats.

Die Mitglieder zahlen monatlich 10 Cents in die Vereinskasse.

Beamten des Vereins sind:

Präsident, M. Schmidt.

Vice=Präsident, G. Marzolf.

Sekretär, Joseph Neubauer.

Schatzmeister, J. Schomer.

13. Die St. Francis Independent Cadets.

Dieser uniformirte Verein wurde gegründet im Jahre 1894, um eine
Ehrenwache des Allerheiligsten zu sein am Frohnleichnamsfeste, beim 40stündi=
gen Gebete und ähnlichen Anlässen.   Es gehören zu demselben nur Jünglinge
aus dem St. Antonius Jünglings=Verein.   Den „Patrioten" könnten wir
zum Lobe dieses Vereins sagen, daß die jungen Männer nicht blos an Pünkt=
lichkeit und Manneszucht gewöhnt werden, sondern auch eine Vorschule durch=
machen für den Eintritt in die Armee der Vereinigten Staaten.

Die Cadetten beschaffen ihre eigene Uniform, zahlen $2.00 Eintritts=
gebühr und einen monatlichen Beitrag von 25 Cents.   Sie exerciren einmal
wöchentlich.

Commandeur, P. Poeller.

I. Lieutenant, C. Altmann.

II. Lieutenant, J. Kappel.

14. Der Unbefleckte Empfängniß Jungfrauen=Verein.

Gegründet im Sept. 1871 mit 58 Mitgliedern.   Zweck des Vereines ist,
das zeitliche und ewige Glück und Heil der Jungfrauen zu fördern.   Dieser
Zweck wird zu erreichen gesucht:

1. Durch die Versammlungen, durch welche ein einmüthiges Zusammen=
halten unter den Jungfrauen erzielt wird.

2. Durch die Conferenzen, durch welche die Jungfrauen auf die Vorzüge
und Gefahren des jungfräulichen Standes aufmerksam gemacht und zur Erfül=
lung ihrer Pflichten angespornt werden.

3. Durch opferwilliges Zusammenwirken zur Verschönerung der Kirche
und besonders des Mutter=Gottes=Altars, durch gemeinschaftliche Gebete und
oftmaligen Empfang der hl. Sakramente, wodurch die Jungfrauen in der Fröm=
migkeit und Tugend befestigt und des Schutzes der Unbefleckten Jungfrau Maria
würdiger gemacht werden.

Vortheile. 1. Durch die treue Erfüllung der Vereinspflichten werden die Mitglieder gegen Gefahren und Verirrungen geschützt, im Glauben und in der Tugend gestärkt und an opferwilliger Liebe zu ihrer Kirche gewöhnt.

2. Jedes Jahr werden für die lebenden und verstorbenen Mitglieder des Vereines drei Hochämter bei Gelegenheit der Generalkommunion gehalten. Außerdem wird in jedem Monat, in welchen kein für die Generalkommunion bestimmtes Fest fällt, jedes Mal am Montag nach der Versammlung für dieselben eine hl. Messe gelesen.

3. Die Hochzeitsfeier eines Mitgliedes wird durch die Betheiligung des Vereins erhöht und verschönert.

4. Stirbt eine Jungfrau des Vereines, so wird für ihre Seelenruhe in der St. Franciscus-Kirche ein feierliches Requiem gehalten und die übrigen Mitglieder beten für sie einen Rosenkranz. Der Verein hat jetzt 76 Mitglieder.

Die monatliche Conferenz wird gehalten am ersten Sonntage des Monats nach der Vesper. Die Mitglieder zahlen monatlich 10c in die Vereinskasse.

Präses des Vereins ist der jedesmalige Guardian des Conventes, andere Beamten werden nicht gewählt.

15. Der St. Aloysius Kommunion-Verein.

Der Verein wurde gegründet im Mai 1875.

Der Zweck des Vereins ist:

1. Durch die monatliche Versammlung und den diese begleitenden Unterricht die Gelöbnisse des ersten hl. Kommuniontages in frischem Andenken zu bewahren und zur Erfüllung desselben beizutragen.

2. Durch die öftere hl. Kommunion die Gnaden der ersten hl. Kommunion zu vermehren und die Frömmigkeit und Tugend zu fördern.

3. Durch das Vereinsband die allseitig bedrohte Unschuld zu beschützen.

Die Vortheile des Vereins sind leicht aus seinem Zwecke zu ersehen.

1. Wer sich frühzeitig an treue Pflichterfüllung bindet, gewöhnt sich an das gottselige Leben und findet darin die Quelle des Segens und die Grundlage des Glückes.

2. Wer sich von den Bösen fernhält, theilt auch nicht ihr trauriges Ende und spart sich die Thräne späterer Reue.

3. Wer sich den Frommen und Tugendhaften anschließt wird fromm und tugendhaft mit ihnen.

4. Wer im kindlichen Gebete Umgang pflegt mit Gott, in öfterer hl. Kommunion sich mit ihm vereinigt und durch frommen Verein sich bindet und hält an seine Kirche, befestigt sein Glück und sichert sein Heil.

Die Erfahrung lehrt, daß die beiden Kommunikanten-Vereine den wohlthätigsten Einfluß auf die Kinder ausüben, und sollten die Eltern zu ihrem

The Altar Boys.　　Die Chor-Knaben.

und ihrer Kinder Segen diese veranlassen, sich nach der ersten hl. Kommunion, einem dieser Vereine anzuschließen, bis sie fähig sind in den Jünglings= oder Jungfrauen=Verein überzutreten.

Der Verein zählt ungefähr 50 Mitglieder.

Die monatliche Conferenz ist am 2. Sonntag des Monats nach der Christenlehre.

Beamten für 1895.

Präses, der Guardian, oder ein von ihm bestimmter Pater.

Vice=Präsident, J. Metz.

Sekretär, A. Erz.

Schatzmeister, V. Dornuf.

Die Mitglieder zahlen monatlich 5 Cents in die Vereinskasse.

16. Die Loyola Zouaven.

Am 19. Mai 1891 in der feierlichen Prozession am Schlusse des 40 stün= digen Gebetes erschienen zum ersten Male die Loyola Zuaven. Sie bildeten eine Ehrengarde des allerheiligsten Altarssakramentes. Dennoch können wir nicht sagen, daß dies der Hauptzweck dieser Vereinigung ist. Mit dem Geist soll auch der Körper der Knaben entwickelt und gekräftigt werden, denn „ein gesunder Geist findet sich in einem gesunden Körper." Die Erfahrung lehrt aber, daß keine gymnastischen Uebungen den Knaben mehr ansprechen als die militärischen unter competenter Leitung. Als am 8. Juli, bei der Schlußfeier des Schuljahres, die Zuaven auf der Bühne erschienen, ihre manigfaltigen Uebungen durchmachten, in ihren Uniformen und in militärischer Umgebung die patriotischen Schlachtlieder sangen, ernteten sie einen Beifall, der die alten Krieger von Gettysburg stolz gemacht hätte.

Wo sie erschienen, in der großen Parade bei der Einweihung der Gesu= Kirche in Milwaukee, oder bei der Staatsversammlung der katholischen Vereine von Wisconsin, bildeten sie den Glanzpunkt der Prozession.

Bei einem Preis=Exerciren im Milwaukee=Garten am 24. Juni 1893 erhielt ihr Captain, Herr P. Poeller, die erste goldene Medaille, weil unter den 6 bewerbenden Compagnien (4 Männer=Vereine und ein anderer Cadetten=Ver= ein) seine Zuaven in Anbetracht ihres Alters die schönsten und exactesten Ma= növer ausführten.

Die Mitglieder sind Knaben von 12 bis 14 Jahren.

Ihre Uniform besteht aus weiten rothen Beinkleidern, himmelblauer Jacke, breitem orangengelben Gürtel, weißen Gamaschen und rothem Käppchen.

Sie exerciren zweimal im Monat.

Captain—P. Poeller.

I. Lieutenant—J. Baasen.

II. Lieutenant—J. Bryan.

Gleichzeitig mit dem St. Aloysius-Verein wurde gründet mit demselben Zweck und denselben Vortheilen, eigen sind.

Die Zahl der Mitglieder ist gleich groß, aber der Conferenzen ist in diesem weit fleißiger als in jenem.

Die Versammlungen finden statt am 4. Sonuta. Die Mitglieder zahlen monatlich 5c in die Vereinskasse

Beamten:

Präsidentin—Cäcilia Klauk.

Sekretärin—Rosa Steinberg.

Schatzmeisterin—Margaretha Hoyer.

Uebersichtstabelle zur Veranschaulichung des Wachsthums der Gemeinde von 1870–1895.

Jahr.	Laufen. Kinder.	Laufen. Erwachsene.*	Laufen. Total.	Erstkommunikanten. Knaben.	Erstkommunikanten. Mädchen.	Erstkommunikanten. Total.	Firmlinge. Knaben.	Firmlinge. Mädchen.	Firmlinge. Total.	Hochzeiten.	Verstorbene. Kinder.	Verstorbene. Erwachsene.†	Verstorbene. Total.	Zahl der Schulkinder.	Zahl der Stuhlinhaber.	Ertrag der Stuhlrente.
1870	0	0	0	0	0	0	0	0	0	0	0	0	0	....	120	$ 300.00
1871	26	3	29	0	0	0	0	0	0	13	13	0	13	50	150	528.75
1872	52	3	55	0	0	0	0	0	0	13	13	5	18	120	172	799.00
1873	61	3	64	23	21	44	23	21	44	9	4	4	8	200	235	867.25
1874	80	2	82	19	14	33	35	50	85	13	7	1	8	200	244	1,002.25
1875	86	0	86	13	34	47	0	0	0	13	16	8	24	200	231	1,245.75
1876	96	3	99	13	18	31	25	33	58	6	16	14	30	200	229	1,660.00
1877	103	4	107	14	12	26	0	0	0	20	39	10	49	270	297	1,690.00
1878	142	2	144	16	22	38	44	53	97	14	25	11	36	290	327	1,908.00
1879	132	2	134	31	30	61	0	0	0	12	27	10	37	300	332	1,908.00
1880	144	1	145	18	27	45	17	30	47	12	30	19	49	300	360	2,053.00
1881	135	3	138	25	28	53	27	30	57	20	37	19	56	300	371	1,981.00
1882	150	5	155	31	38	69	34	50	84	23	48	13	61	350	477	2,220.00
1883	188	3	191	23	21	44	0	0	0	32	47	20	67	350	551	2,664.00
1884	177	0	177	20	21	41	46	46	92	0	27	21	48	350	688	2,605.00
1885	181	2	183	28	34	62	0	0	0	29	35	19	54	351	625	2,560.50
1886	215	0	215	20	32	52	22	35	57	25	48	23	71	368	653	2,871.00
1887	199	2	201	27	33	60	27	33	60	16	46	21	67	429	569	3,086.90
1888	239	8	247	44	48	92	44	49	93	22	49	33	82	463	544	3,177.45
1889	222	7	229	37	32	69	40	37	77	23	38	29	67	480	621	2,766.40
1890	232	2	234	26	31	57	65	91	156	26	44	23	67	500	652	3,236.30
1891	230	2	232	35	50	85	59	50	109	24	71	37	108	640	676	3,171.30
1892	233	8	241	56	45	101	50	106	156	35	53	43	96	615	780	3,310.75
1893	230	13	243	47	40	87	50	47	97	42	41	40	81	660	578	3,704.60
1894	232	9	241	47	50	97	48	59	107	34	60	32	92	741	481	2,945.35
Total	3785	87	3871	613	681	1294	644	738	1382	500	822	481	1303	....	....	$52,364.55

* Ueber 12 Jahren.   Eine größere Anzahl Erwachsener empfing Unterricht, die schon getauft waren.   † Ueber 10 Jahren.

117

Einige Regeln für die Gemeinde.

1) Aktives Mitglied der St. Franciscus=Gemeinde ist:

    a) Wer in der St. Franciscus=Gemeinde einen Sitz rentet und vierteljährlich voraus bezahlt.

    b) Wer, wenn er diese Bedingung nicht erfüllen kann, sich als „Mittellos" im Kloster meldet.

2) Das Renten und vierteljährliche Bezahlen muß jedes Jahr erneuert werden.

3) Kommt man keiner von diesen obigen Bedingungen nach, so wird beim Sterbefall in einer solchen Familie nicht ausgeläutet und die Leiche in der Kirche nicht ausgesegnet.

4) Kinder, deren Eltern nicht aktive Mitglieder der Gemeinde sind, werden nicht zur feierlichen Erst=Kommunion zugelassen.

5) Wer erst bei einem Sterbefall in der Familie aktives Mitglied der Gemeinde wird, hat im Voraus für das ganze Jahr zu bezahlen.

6) Für die einzelnen Mitglieder und auch für das allgemeine Wohl der Gemeinde ist es besser, daß kein Rückstandstermin gestattet wird. Hängerei und Schlepperei, sowie allerlei Unannehmlichkeiten und Privatfeindschaften werden verhütet; denn auch hier: Borgen macht Sorgen. Daher muß in Zukunft Jeder Alles bezahlt haben bis zum neuen Quartal, für welches er renten will, und soll sich jeder bemühen, gleich zu bezahlen. Wer also in der Zahlung noch rückständig ist von früheren Jahren, oder vom letzten ganzen oder letzten viertel Jahre, ist zu keinem neuen Sitz berechtigt.

7) Die Stuhlverrentung, wenn nicht eigens anders angeordnet, findet statt am ersten Sonntag im August.

8) Wer für Andere rentet, soll auch deren Namen angeben, widrigenfalls er für die Bezahlung einstehen muß, der Andere aber als Sitzinhaber nicht gilt.

9) Wer seinen Wohnsitz verändert hat, soll dieses bei der Stuhlrentung oder bei Bezahlung des vierteljährlichen Beitrages angeben und zugleich Straße und Hausnummer.

10) Keiner kann mehr Sitze beanspruchen, als er gerentet hat; auch ist es nicht erlaubt, sich in fremde Sitze einzudrängen.

11) Das Ausspucken auf den Boden, namentlich hinten in der Kirche, ist strengstens verboten. Ein anständiger Mensch wird dasselbe niemals thun.

12) Ebenso ist es untersagt, hinten in der Kirche herumzustehen, und sind die Ordnungsmänner ersucht, solche Personen, welche sich an Wände und Thüren anlehnen und so dieselben beschmutzen, unbedingt vom Platze zu bringen.

13) Die Ordnungsmänner, als durch Gemeinde=Beschluß angestellte Beamte, haben zur Aufrechterhaltung der Ordnung volle Gewalt.

Taufen.—Taufen sind vorher—wo möglich—durch den Vater des Kindes in der Office anzumelden. Getauft wird Sonn= und Festtags um ½2 Uhr Nachmittags.—Im besonderen Nothfall wird zu jeder Zeit getauft. Die Pathen sollen praktische Katholiken sein.

Beichten.—Es wird Beicht gehört jeden Morgen um 6 Uhr. An Samstagen und an den Vorabenden gebotener Festtage von ½3 bis 6 Uhr und von 7 bis 10 Uhr Abends. Am Donnerstage vor dem ersten Freitage des Monats von 4 bis 6 Uhr und von 7 bis 9 Uhr Abends. Kinder sollten am Nachmittage beichten, ebenso die Erwachsenen, die abkommen können.

Kommuniontage. — Der St. Aloysius=Verein geht am zweiten Sonntage eines jeden Monats gemeinschaftlich zur hl. Kommunion. Der St. Rosa=Verein am vierten Sonntage des Monats. Der Jünglings=Verein am dritten Sonntage jedes zweiten Monats. Der Jungfrauen=Verein am ersten Sonntage jedes zweiten Monats. Die übrigen Vereine an den in ihren Constitutionen angegebenen Tagen. Allen aber wird die monatliche Kommunion dringend empfohlen.

Leichenbegängnisse. — Leichenfeier an Sonntagen sollten, damit die Christenlehre nicht gestört wird, pünktlich um halb 2 stattfinden. Leichenbegängnisse mit Todtenamt an Werktagen um 8 Uhr.

Die Todesanzeige sollte frühzeitig gemacht werden, und die für die Exequien bestimmte Zeit genau eingehalten werden.

Heilige Messen sind:

a) An Werktagen Morgens um 6 Uhr, halb 7 Uhr und 8 Uhr.

b) Hochzeiten und Leichenfeier mit einem Amte finden genau 8 Uhr statt.

c) Hl. Messen an Sonn= und Festtagen sind: um 6, 8, dann um 9 Uhr ausschließlich für die Kinder und Englischredende, und Hochamt um 10 Uhr.

Hochzeiten. Es ist der Wunsch der Kirche, daß die Verehelichung nach dreimaliger Verkündigung in der Brautmesse stattfinde. Daher sollen Hochzeiten drei Wochen vorher angezeigt werden.

Krankenrufe. Außer im Nothfalle sollte der zum Kranken gerufen werden. Der Bote warte auf d genaue Adresse zurück.

Im Zimmer des Kranken sei ein mit einem reinen Tischlein. Darauf ein Kruzifix mit einer oder zwei b ein Gefäß mit Weihwasser, ein Glas mit Trinkwasser tüchlein. Bei Spendung der hl. Oelung auch ein Telle wolle oder Citrone oder Brodkrumme oder Salz. sollte die Familie für den Kranken beten.

Cornelius Runte.

Mrs. Cornelius Runte.

Adam Borman.

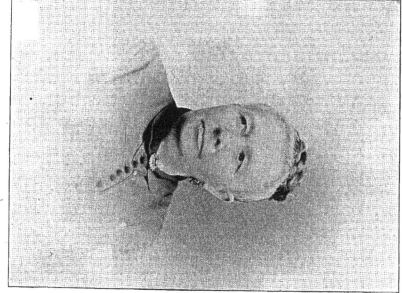

Mrs. Adam Borman.

Anton Riehl.

Frau Anton Riehl.

George Durner.

Hubert Gilles.

John Niehaus.

Mrs. John Niehaus.

John Schummer.

Theresia Schummer.

Herr und Frau Johann Hinse.

Verzeichniß der Stuhlinhaber

der St. Franciscus-Kirche am 1. August 1872.

A. Runte,
C. Runte,
Mrs. Koch,
Mr. Engelhardt,
Mrs. Engelhardt,
Elis. Klein,
H. J. Klein 2,
J. Klein 2,
Fried. Boheim 3,
Anna Schmidt,
Mrs. Schwab,
Mrs. Hagon,
Cunig. Steger,
Con. Moehle,
Chr. Moehle,
Mr. Raming 2,
Mr. Oppermann,
A. Braun,
F. Brettler,
A. Nettecower,
F. Kantza,
A. Klier,
A. Riedl,
J. Spies,
Mr. Braun,
S. Mertz 2,
Fr. Natus,
C. Kleser 2,
C. Kist,
F. Schroeder,
N. Behles,
Mr. Deisroth,
M. Markwisse,
N. Wendl,
Mrs. Huels,
J. Nenzerling 2,
Fr. Bosche,
P. Hensler,
E. Spieker,
D. Sueß 2,
L. Schulz,
C. Saenger,
B. Poch,
W. Geisel,
W. O. Hoya 4,

J. Weinmann 4,
Mr. Gilles,
Jos. Phillips 6,
A. Grau 3,
C. Grau 3,
J. F. Baasen 3,
P. Pauli 2,
Mr. Schmidgens,
A. Christle,
P. B. Schmidt,
Mrs. Ehler,
A. Dietz 2,
L. Weber,
B. Schramm,
A. Lackner,
G. Zeller,
G. Marzolf 2,
L. Abresch,
M. Schimian 4,
Mrs. Diel,
Jul. Sichel,
H. Rolfs,
A. Schroth,
Jos. Wilczewski,
H. Caspar,
A. Scherer,
J. Scherer,
H. Grothenrath,
P. Schoen,
J. Zelinski,
F. Hanrahan,
H. Reuter,
J. Hepp,
G. Ehlers,
C. Ries 2,
P. Heup,
Ph. Spetz,
G. Brunner,
A. Schiefer,
F. Engel,
C. Opahle,
F. Kaballo,
B. Schiller,
W. Jordan 2,
Jos. Stehling 2,

F. Bott,
M. Goermiller,
J. Schowalter 2,
G. Herrmann,
N. Faust 3,
J. Dickmann 2,
Th. Dickmann 2,
Mr. Johnson,
A. Bormann,
J. Schneider,
E. Schneider,
C. Fürst,
A. Groß,
Mr. Heller,
B. Laurens,
M. Janzer 3,
E. Janzer 2,
Mr. Wolf,
Mr. Kuhnmünch,
A. Breitenbach,
Mr. Leich,
Ph. Eckerle,
A. Herde,
Mr. Ott,
C. Magnus,
F. Pira,
J. Kappes,
Fr. Kustha 2,
Th. Mueller,
M. Kerker,
E. Lesthen,
J. Baumgaertner,
A. Recke,
P. Buche 2,
A. Klauk,
G. Hoin 2,
H. Baner,
H. Stolz,
M. Kleser,
F. Hinse 3,
A. Griwatsh,
J. Schommer,
J. Frey,
H. Gebhardt 2,

121

Programm der Jubiläumsfeier,

4. bis 6. Oktober 1895.

Am Vorabende des 4. Oktober wird mit allen Glocken die Feier des Ju=
biläums angekündigt.

Freitag, den 4. Oktober.

Gottesdienst wie an Sonntagen. Um 10 Uhr feierliches Hochamt. Die
Festpredigt auf den hl. Franciscus hält der hochwst. Administrator A. F.
Schinner.

Bei der Abendandacht um ½8 Uhr predigt der hochw. J. H. Költing,
Pfarrer der St. Bonifatius=Gemeinde über „die christliche Schule."

Samstag, den 5. Oktober.

Um 9 Uhr feierliches Requiem für alle verstorbenen Mitglieder der Ge=
meinde.

Sonntag, den 6. Oktober.

Um 10 Uhr hält der hochwst. Bischof S. G. Meßmer ein Pontifikalamt.
Die Predigt hält der hochwst. P. Provincial Bonaventura Frey über „das
christliche Familienleben."

Abends um ½8 predigt der hochw. P. M. Abbelen, Spiritual im Notre
Dame Kloster, über „Das Christliche Vereinswesen."

Te Deum.

Montag, den 7. Oktober.

Abends Eröffnung der großen Jubiläums=Fair.

Geburten.

Heirathen.

⧆⧆⧆

IN MEMORIAM.

Es ist also ein heiliger und heilsamer Gedanke, für die Verstorbenen zu beten, damit sie von ihren Sünden erlöst werden.—2. Mach. 12.

Todesfälle.

Requiescant in Pace.

Bemerkunge

❦❦❦❦

Anzeigen-Inhalts-Verzeichniß.

128

Schorse, Wm. Dr............................ ....

Schroth, Adam.............. ....

Schoenecker, V................ .. ..

Stehling, Chas ·H............................·...............

Stehling, Jos..................... ....

Schmidt, G. & Bros................... ....

Schlitz Brewing Co.........................

Teich & Freischmidt........ ... .

Trimborn Lime Co. ....

Theis, Math..................... ....

Theis, H. & Co............. ....

Traudt Henry.............,........................ ....

U

Uhrig, V. & Son...

V

Vollrath, Otto F................... ....:......

W

Wiltzius, M. H. & Co ....

Weber, Henry....................... ....

Wisconsin Lakes Ice & Cartage Co......... ....

Weis, Leon......................................

Weber, F. R., M. D...

Z

Zimmermann Bros.......................... ....

Zander & LaGrand...........................

St. Bonaventura Kranken= Unterstuetzungs=Verein.

Local: Schulhalle, 4te und Harmon Strasse,

Milwaukee, Wisconsin.

Gegründet Februar 29, 1872.   Incorporirt unter den Staatsgesetzen von Wisconsin.

Der größte und beste Katholische Kranken=Unterstützungs= Verein im Nordwesten der Vereinigten Staaten. Mitgliederzahl über Vierhundert.

Derselbe hat seit seinem 23½=jährigen Bestehen an Kranken=Unterstützung die Summe von $29,617.97 ausbezahlt, und für Sterbegelder an Hinterbliebenen $3,825.00 verausgabt.

Er bietet eine erwünschte Gelegenheit zum Beitritt für jeden katholischen Mann im Alter von 18–45 Jahren.   Der Verein bezahlt gegen einen viertel=jährlichen Beitrag von $2.00 eine wöchentliche Kranken=Unterstützung von $8.00 in Krankheit, sowie Unglücksfällen, und ein Allgemeines Sterbegeld von $100.00 an Hinterbliebene, und verfügt zur Zeit über einen Reservefond von $8,815.73.   Im Krankheitsfall werden die Mitglieder vom Vereinsarzt frei behandelt.

Einnahmen.

Periode.	Beiträge, Aufnahme, xc.	Interessen von Kapital.	Total.	Überschuß.
Februar 1872—Januar 1880	$ 7,313.69	$ 488.43	$ 7,802.12	.$2,865.74
Januar 1880—Januar 1888	14,005.08	1,616.03	15,621.11	2,530.01
Januar 1888—9. Sept. 1895	25,136.16	2,908.59	28,044.75	3,419.98
Total	$46,454.93	$5,013.05	$51,467.98	$8,815.73

Ausgaben.

Periode.	Kranken= Geld	Sterbe= Geld.	Local=Rente und Ver.= Arzt.	Mobilien, Regalien, u. C^ft.	Gemischte Ausgaben.	Total.
Feb. 1872—Jan. 1880 ..	$ 2,809.12	$ 175.00	$ 314.50	$ 714.73	$ 923.03	$ 4,936.38
Jan. 1880—Jan 1888...	9,266 21	925.00	1,305.00	363.30	1,231.59	13,091.10
Jan. 1888—Sept. 1895..	17,542.64	2,725.00	1,800.00	686.49	1,870 64	24,624.77
Total	$29,617.97	$3,825.00	$3,419.50	$1,764.52	$4,025.26	$42,652.25

Mitglieder Record.

Periode.	Auf= nahme	Gestorb.	Ausget.	Gestrich.	Verlust.	Verbl.	Frauen Gestorben.
Feb. 1872—Jan. 1880 ..	227	1	11	61	73	154	5
Jan. 1880—Jan. 1888..	192	12	14	49	75	117	13
Jan. 1888—Sept. 1895..	230	22	12	56	90	140	15
Total	649	35	37	166	238	411	33

ST. LAWRENCE COLLEGE,

Attached to the CAPUCHIN MONASTERY,

MT. CAVALRY,   Fond du Lac County,   WISCONSIN.

Catalogues and further information can be obtained from the
REV. FATHER RECTOR, St. Lawrence College, Mt. Cavalry, Fond du Lac Co., Wis.

6

Q

ADAM SCHROTH,

Mortician & Embalmer,

FUNERAL DIRECTOR,

MILWAUKEE, WIS.

J. KORNELY,

......DEALER IN......

Hardware,

Stoves,

Furnaces.

FARMING IMPLEMENTS.

Mechanic's Tools, Cutlery, Paints, Oils & Brushes.

Gas and Gasoline Stoves, Refrigerators, Ice Cream Freezers, Rubber Hose.

Telephone 1850.4 Rings.   808 THIRD STREET.

Jobber of PRESSER'S PRESERVATIVE,

The best wood preserving Paint, a sure cure against vermin of any kind.

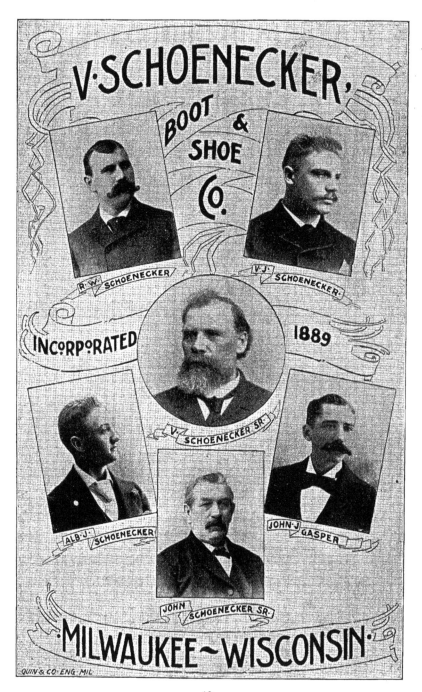

V·SCHOENECKER·
BOOT & SHOE Co.

R·W·SCHOENECKER·

V·J·SCHOENECKER·

INCORPORATED 1889

V·SCHOENECKER SR·

ALB·J·SCHOENECKER

JOHN·J·GASPER

JOHN SCHOENECKER SR·

·MILWAUKEE~WISCONSIN·

QUIN & CO·ENG·MIL·

12

13

JOS. STEHLING,

DEALER IN

BOOTS AND SHOES,

REPAIRING NEATLY DONE.

1508 North Avenue.

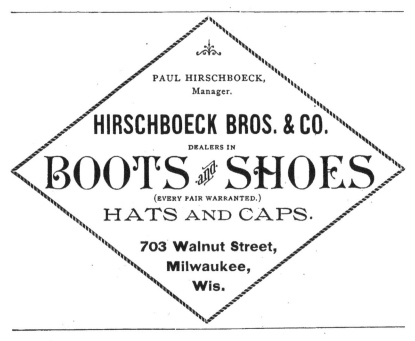

PAUL HIRSCHBOECK,
Manager.

HIRSCHBOECK BROS. & CO.

DEALERS IN

BOOTS and SHOES

(EVERY PAIR WARRANTED.)

HATS AND CAPS.

703 Walnut Street,
Milwaukee,
Wis.

Established 1865.

J. A. KUHNMUENCH,

Furniture
AND *Upholstery,*

347 Third Street, Milwaukee, Wis.

16

17

BRANCH No. 89

Catholic Knights

... OF ...

WISCONSIN.

===

Cheapest & Safest Life Insurance.

===

FULL PARTICULARS GIVEN ON APPLICATION.

===

Meetings held at St. Francis Church School
Hall every Second Thursday in
Month at 8 o'clock, P. M.

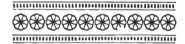

THE HISTORY OF BREWING BEGINS WITH EGYPT

THE HISTORY OF BREWING BEGINS WITH EGYPT

22

23

Kirchen-Malerei

wird von dem Unterzeichneten streng nach kirchlichem Styl ausgeführt. Skizzen und Entwürfe auf Verlangen. Die besten Referenzen können gegeben werden.

Henry J. Gaertner,

540 30. Straße,   Milwaukee, Wis.

25

J. GROSS & SONS,

YOUR
INSURANCE
IS

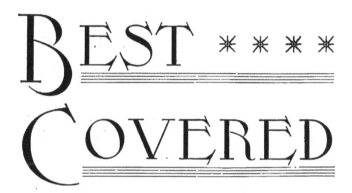

BEST ✳ ✳ ✳ ✳
COVERED

When it is Placed with the Responsible
Companies Represented by

PHILLIPS & REBHAN,

Office, 81 Michigan Street.

**THE LARGEST FIRE INSURANCE
AGENCY IN MILWAUKEE.**

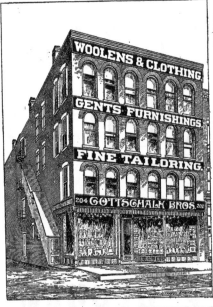
28

WHEN YOU GET SCHROEDER'S LUMBER
YOU GET THE BEST

That fine, thrifty timber and **excellent** manufacture can produce. There are others—but Schroeder offers more advantages than all of them combined, and yet **prices are as low as any.**

❧❧❧❧❧❧

JOHN SCHROEDER
LUMBER COMPANY

Have their own Timber Lands, the finest in America; their own Steamboat facilities, fastest lumber liner on the lakes; the model Planing Mill and Dry-Kiln which has won renown for its **fine work** throughout the lumber world; their extensive Lumber Yards, located in different parts of the city, to-wit:

**Foot of Walnut St., west end of
Pleasant St. Bridge—NORTH SIDE.**

Park St. and Fourth Avenue—SOUTH SIDE.

**Kinnickinnic Ave., south end
of Bridge—BAY VIEW.**

Where all orders, whether **large** or **small,** receive prompt and careful attention.

❧❧❧❧❧❧

.. PLEASE NOTE ..

That Schroeder's **correct grades** save you annoyance. That Schroeder's " Perfection " Planing Mill work saves you time, saves labor, gives rich and smooth service—and yet it costs you no more than others.

MATH. THEIS,

Carpenter and Contractor,

1014 CLARK STREET,

————MILWAUKEE, WIS.

ALL KINDS OF JOBBING PROMPTLY ATTENDED TO.

EDWARD A. UHRIG.   LAWRENCE DEMMER.

"The D. & H." Celebrated Lackawanna Coal,

BEST IN THE WORLD FOR DOMESTIC USE.

B. UHRIG & SON,

Anthracite **COAL** Bituminous

GENERAL OFFICE:

152 SECOND STREET, (Plankinton House Block,)

MILWAUKEE, WIS.

DOCKS AND OFFICES: Canal St. and Muskego Ave., Cherry St. Bridge.

32

33

34

35

37

38

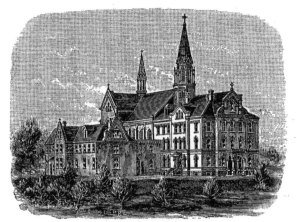

St. Francis Assisi Convent.

CORDES & TREIS,

Plumbing, Gas Fitting.

Hot Water and Steam Heating Contractors and Laundry Machinery.

Special attention given to Heating, either by Steam or Hot Water,
Dwellings, Schools, Churches, Convents, Etc.

ESTIMATES CHEERFULLY FURNISHED.

Mail us Your Plans. We will Figure Promptly and Return at Once.

126 and 128 Clybourn Street, = = MILWAUKEE, WIS.

Notre Dame Convent

CORDES & TREIS.
Hot Water & Steam Heating Contractors

126 & 128 Clybourn St., Milwaukee, Wis.

REFERENCES.

Hot Water Jobs—Mt. Rev. F. X. Katzer, Archbishop of Milwaukee; St. Joseph's Church, Escanaba, Mich.; St. Mary's Church, Belgium, Wis.; Rev. Francis P. Grome, Kewaskum, Wis.; St. Mary's School, Milwaukee, Wis.; Notre Dame Convent, Milwaukee, Wis.; St. Joseph's Convent, Milwaukee, Wis.; Sanitarium, Milwaukee, Wis.; St. Francis Assisi Convent, St. Francis, Wis.; Orphan Asylum, St. Francis, Wis.

Steam Jobs—St. Mary's Church, Milwaukee, Wis.; St. Paul and N.-W. Depots; University Building, Milwaukee, Wis.; Beloit College, Beloit, Wis.; Sentinel Building, Milwaukee, Wis.; McGeogh Building, Milwaukee, Wis.

St. Aemilianus Orphan Asylum.

41

Schlitz

Brewing Co.,

kee, Wis.———

43

27/03

*W*HEN taking out this book, please write name and date on card and place card in CARD-DROP.

*P*LEASE see that this book is returned on time: others may be waiting for it.

*K*INDLY refrain from defacing this book in any way, and also from leaving markers of any kind between the pages.

Lightning Source UK Ltd.
Milton Keynes UK
UKHW01f1816050918
328391UK00013B/893/P